エンジョイ・ベースボール
慶應義塾高校野球部の挑戦

上田　誠
ueda makoto

生活人新書
180

NHK出版

はじめに

近年、野球を取り巻く環境には非常に厳しいものがあります。

二〇〇六年の第一回ＷＢＣ（ワールド・ベースボール・クラシック）で日本チームが見事に優勝してくれたとはいえ、少年野球人口の減少、高校野球の不祥事、ドラフト制度など、日本の野球界の前に課題は山積されています。それに加え、二〇一二年のロンドンオリンピックでは野球が実施競技から外されることが決まりました。

アメリカに目を移すと、以前は二〇〇万人以上といわれていた少年野球人口も、やはり激減しているそうです。先日ＭＬＢ（アメリカのプロ野球リーグ）関係の方とお話しする機会があったのですが、その方は、「昔は父親が子どもとキャッチボールをしたり、球場に野球を見に連れていってくれたりしたものです。そのおかげで私たちは野球が好きになっていきました。ところが、離婚率の上昇などにより、そのような親子関係がアメリカにはなくなってきているのです」とため息混じりに話してくれました。

日本の野球人気は大丈夫でしょうか。

日本の場合、旧来の日本野球のありかた、システムが、もはや現実と合わなくなってきているのではないか、というのが実感です。

スポーツの世界には「こうでなければならない」という昔からの壁が厚く目の前にそびえ立っています。この巨大な壁の存在のために、スポーツ本来の明るさや楽しさが失われているのではないかと思うのです。高校野球イコール坊主頭というのも、その壁の一つだと思います。

私自身もどちらかというと旧時代的・軍隊的な野球で育ってきました。それはじつは懐かしく、心地よいところもあるのですが、今の子どもたちは、果たしてそのような野球についてくるでしょうか。

野球も新しい時代を迎えています。高校野球の伝統を継承するところは継承し、改革するところは大胆な改革をする、という決意が必要だと私は考えます。

その中でも、今一番必要とされているのは、野球はとても面白いスポーツだということを、子どもたちに伝えてゆく努力をすることなのではないでしょうか。

二〇〇五年春、わが慶應義塾高校野球部は四五年ぶりに第七七回選抜高校野球大会への出場を果たすことができました。新聞やテレビの報道でそれを知り、「慶應の高校って、そんなに野球が強かったんだ？」とびっくりした方もたくさんいたようです。

甲子園に出場することができた理由をあえて言うなら、〝慶應義塾高校らしい野球〟を毎年毎年やってきたから、ということになると思います。「エンジョイ・ベースボール」と私たちはそれを呼んできました。

エンジョイ・ベースボールとは、「スポーツである野球は、本来、明るいもの、楽しいもの。野球が好きで上手くなりたいなら、一生懸命練習しよう」といった考え方の野球です。わかりやすく言えば、それは軍隊式の古い「野球道」の対極にあるものです。

私たちは、エンジョイ・ベースボールという言葉を掲げて、今までの野球のあり方をもう一度考え直し、ちょっと変わったアプローチでやってみようと考えています。このような新しい自由な試みをすることによって、野球本来の持つ楽しさを取り戻すことができると私は信じています。

もちろん、従来の高校野球のやり方で、立派な高校生を育成し、なおかつ甲子園で優勝するようなチームをつくり上げている学校もあります。ただ、それが唯一の方法ではないのではないか、と私は思うのです。

この本を読んでいただくみなさん、少年野球をはじめとした野球の指導に関わっておられる方々や野球ファンの方々が、エンジョイ・ベースボールを少しでも感じ取っていただければうれしい限りです。

私の最大の願いは、野球をプレーしているすべての高校生が、将来親になったときに、自分の子どもを（男の子でも女の子でも）野球場に連れていってくれることです。そして、野球の楽しさ、素晴らしさを子どもに伝えてくれることです。

本書がその一助になれば、著者としてこれに勝る喜びはありません。

目　次

第1章

エンジョイ・ベースボール

野球の異様な部分

私が野球を始めたのは小学校のときです。それ以来、楽しくてやめられず、ずっと野球を続けてきました。

そんな野球でも、「これは嫌だなあ」といつも思っていたことがあります。

それは、多くの野球部にあった軍隊のような雰囲気です。全員が丸刈りにする。上級生には絶対服従。ミスをすると監督から罵倒される。話を聞くときは直立不動。何を言っているのかよくわからない大声での声出し。三六五日休まず練習。グラウンドに出入りするときは、必ずグラウンドに向かってお辞儀をする……。

また、高校野球ではトーナメント戦が主流で、公式戦ではひとつ負けるともう終わりという世界です。勝つためには、すべてを犠牲にしてでも修行のようにつらく厳しい練習で日々を送らなければならない、というのが半ば〝常識〟になっています。

このようなあり方は、いずれも私たちの日常生活から見ると異様です。

もちろん、高校野球のよいところはたくさんあり、ある意味で高校野球は日本文化の一つでもあります。礼儀正しいことや、集団の中がだらしなくならないようにきまりを守るということは、私たちが生活するうえで最低限必要なことです。とはいっても、どうして軍隊のような規律が必要なのか。なぜ野球をするのに、日常とかけ離れたやり方をしなければならないのか。

私はずっと、このような野球のあり方に疑問を持ってきました。野球をするのは、それが楽しいからです。しかし、その目的に至る手段の一つであったものが、逆に目的になってしまい、野球を楽しむことが忘れられてしまっているように感じられるのです。どうして野球はこのようなスポーツになってしまったのでしょうか。

興味があって日本の野球の歴史を調べてみたことがあります。

明治五（一八七二）年にアメリカから野球が伝わったとき、野球はとても明るいスポーツでした。ところが、徐々に軍国主義的な教育が野球の場にも波及してゆき、戦後も戦地から帰ってきた軍人が大学野球などの指導にあたるようになって、軍隊式の規律が野球の場に浸透していったようです。このようにして、野球は「野球道」になり、野球を通じて自らをいじめ抜く修行のようになってしまったようなのです。

強制＝選手に考えさせないこと

軍隊式の規律や修行僧のような禁欲的な態度には、ある種の美しさもありますが、その美しさには、立場が上になる者による〝強制〟が伴います。強制は異論を許容しません。だから、強制される側が疑問を持ったりすることを禁じます。

この「考えさせずに強制する」という野球のあり方にも、私はかなりの違和感がありました。

強制されるのは礼儀作法などだけではありません。高校野球の練習でも、指導者の決めたことだけをひたすらやる。チームによっては、あやつり人形のように、監督のサインのとおりにしかプレーできない。このようなチームがたくさんあります。

その根底には、「選手は子どもなので、指導者が物事を決めてあげて選手に強制する」という考え方があります。

しかし、指導者は大人ではありますが、間違いを犯さない完全な人間ではありません。また、高校生は大人とはいえないかもしれませんが、一人の自律した人間です。高校生に自ら考えることを半ば禁じるようなあり方は、どう考えても歪《ゆが》んでいます。

どんなことにも疑問を持つことから教育は始まります。従順な姿勢が、この波乱に満ちた二一世紀の世界を切り開いてゆくことができるのでしょうか。会社の上司が「こうしてくれ」と言っても、もしそれが反社会的なものなら「ノー」と言わなければなりません。

是々非々を考え、モラルや社会のルールを守る。そして自分の考えを確立する。スポーツにはこんなことが課せられているのではないかと私は思います。

本当の野球の姿

では、野球本来の姿とはどういったものだったのでしょうか。

野球の原型は、アメリカの〝タウンボール〟というものだといわれています。これは、自治区の集会に集まった老若男女が、集会のあとに全員参加して楽しむために行われていたもので、球を下からゆるく投げて、バッターがその球を打つという、だれにでもできる明るく楽しいゲームでした。

この野球の原点にあるような、みんなが楽しめる野球をしたいな、と私はいつも思っています。

私がおもに教えてきた高校は野球留学などが行われている学校ではなかったため、抜群の野球センスを持った選手ばかりではありませんでした。そこで、強豪を打ち破れるような強いチームにするために、頭を絞り、さまざまな努力をしてきました。そして、今までの日本の練習方法では強豪に勝てないと思い至り、行き着いたのがアメリカ野球です。

技術もアメリカ野球からいろいろなことを学んできましたが、一番驚いたのは、野球そのものに対する考え方です。日本の野球とアメリカのベースボールは、一見同じスポーツのように見えるものの、プレーの考え方はかなり異質なものでした。

たとえば日本の高校野球では、公式戦では一回も負けられないという事情もありますけれど、まず先取点を取り、あとは守って逃げきるような〝守る〟野球が一般的です。ところがアメリカの野球では、「とにかくどんどん打って、点数を入れるように」と早い段階では教えます。何より、全員が野球を楽しむことがまず第一です。もちろん「野球道」のような、野球とあまり関係のない慣習やその強制などもアメリカ野球にはありません。

こんなアメリカ野球の原点を手本に、選手が自主的に考えてプレーする野球がしたい。そして野球を心から楽しみたい。

私が慶應義塾高校（塾高）野球部でやりたい野球というのは、そういう野球です。

それをわれわれは「エンジョイ・ベースボール」と呼んでいます。

エンジョイ・ベースボールは慶應野球の伝統

エンジョイ・ベースボールというのは私のオリジナルの言葉ではありません。これは慶應義塾大学野球部の監督を務めていた前田祐吉さんがよくおっしゃっていた言葉なのですが、その起源はとても古いもののようです。そもそもは昭和の中ごろ、当時監督だった腰本壽さんが提唱されたと聞いています。

そのころの慶應野球は、いち早くアメリカから新しい戦術や指導法を取り入れ、強くなるために合理的で科学的な根拠のある練習を繰り返していました。精神主義的な野球が全盛だったころに、それとは一線を画したエンジョイ・ベースボールが提唱・実践されていたそうです。

のちの監督の中で、その精神を最も積極的に取り入れていたのが前田さんでした。前田さんは、アメリカ大学野球の名監督として名高いUCLA（カリフォルニア大学ロサンゼルス校）野球部のゲーリー・アダムス監督とも懇意にされていました。その縁もあって、慶大野球部では三年に一度、アメリカ遠征を行い、UCLAをはじめスタンフォード大学など、強豪チームと試合を行っていました。ですから、アメリカ野球にとても精通しています。前田さんは練習にアメリカ野球のノウハウをふんだんに取り入れる一方、ご自身でもその指導法をまとめた本も書かれていました。

前田さんが大学野球部の監督をしていらしたとき、私もちょうど塾高野球部の監督になりました。私は暇があると大学野球部の練習のお手伝いをしていましたが、前田さんの練習を目にして「やっぱりアメリカ式は面白い、すごい。塾高の野球が目指すのも〝エンジョイ・ベースボール〟だ」とそのとき思ったのです。

エンジョイ・ベースボールとは〝選手が楽しむ野球〟

本来、野球部に入ってきた生徒たちは、野球が好きでたまらないはずです。野球をやっていると楽しくてしょうがない。もっと上手くなりたい。だから練習する。練習するともっと上手くなってくる。上手くなってくると、ますます楽しくなってくる……。これが、スポーツが私たちを魅了して止まない素晴らしいところです。

上手くなるためには何が自分に必要か、どんな練習が効果的かをだれでも考えるはずです。そして、「こうしてみよう」「ああしてみよう」と試行錯誤を繰り返します。しかし、壁にぶつかることや上手くいかないときもあります。そんなときはコーチや監督にアドバイスを求めに行くでしょう。そして、どのような練習をすればよいのか、新たにまた自分で考え、練習を始めるのです。こうして力をつけてゆき、試合でその力を存分に爆発させます。

野球はつらく厳しいだけのものではないのです。やって楽しいものなのです。エンジョイ・ベースボールはここからスタートします。「野球って本当に楽しいもの。好きで野球部に入ってきたんだから、上手くなるように努力しようよ。そのためには暗い険しい道も通らないとね」というのが私の基本的な考え方です。

自分が好きで楽しくてしょうがないことだからこそ、厳しい練習に自主的に取り組むことができます。どんどん練習して上手になっていけば、自信もつき、「オレもやればできるんだ」と思うようになります。そうなると、放っておいても、もっと高いところを目指すようになります。私たち指導者は、上手になるためのお膳立てをしてあげるのが仕事です。

本なんて全然読んだことがない選手でも、自分が上手くなるためには、野球に関する本なら読むはずです。そんなふうに興味の窓を持たせる、開かせる。野球が楽しければ自然にできることです。

エンジョイ・ベースボールとは〝自分で考える野球〟

また、〝自分で考える〟というのもエンジョイ・ベースボールのもう一つの大きな柱です。

生徒をある程度大人扱いし、自分で考えさせて、答えを見つけられるようにする。そういうふうに生徒が楽しめる野球がしたい。選手を監督のゲームの駒のように動かすような野球はしたくない。私は現役の選手だったときに強制されるのがとても嫌だったため、自分ではこのような野球がしたいとずっと考えてきました。

どういう練習をすれば上手くなれるのか、どうすればチームは強くなれるのかを生徒にも考えさせる。試合中は、場面場面ですべきことを選手が考えて判断できるようになる。また、どのようなときに、どういう挨拶をするべきなのか、ということも生徒たちに考えさせる。

自分たちが考えて決断したことなら、やっていてすごく楽しいはずです。部内のきまりなども、自分たちが納得して決めたことなら責任を持って守ると思うのです。

私はいつも、「カッコよく野球をしよう」と部員に言っています。〝カッコいい〟というのは、選手個々が「自分で考えて行動できる」ということです。これは、わが慶應義

塾の〝独立自尊〟の精神と同じです。

自分で納得していない〝やらされている練習〟ならば、「早く終わらないかな」と真剣に取り組まないで適当に流すのではないでしょうか。やらされるものは、この意味でもあまり効果はないと私は思います。

礼儀や挨拶などについても、挨拶をしろ、感謝の気持ちを持て、と頭ごなしに命令されても、なんで？と思うのは当然です。先輩に教えを請うて教えてもらったというようなとき、教えてもらってよかった、といった感謝の念や目上の人を尊敬する気持ちが自然に生まれ、だからこそそれが礼儀として現れるものなのだと思います。

野球部では、「社会のルールが部のルールである」とよく話しています。社会人の場合、取引先の会社に営業に行ったとき、全員が一斉に並んで「こんにちは」とは言いません。挨拶とは全員でそろってやるものではなく、個々がその人に愛情を持ってやるものだと思います。

エンジョイ・ベースボールを説明するとき、私はいつも次のような話をします。

「旅行には、個人旅行とパック旅行がある。個人旅行は、自分でスケジュールを組んだり、交通機関やホテルを調べて予約したり、結構大変だ。でも、面白いし、うまくいくとすごく楽しい。一方、パック旅行は、自分で考えなくてもすべてプロが決めてくれるから楽だ。でも、なんか情けなくないか。エンジョイ・ベースボールは個人旅行のようなもの。野球だって、自分で考えて工夫して上手くなって、それで試合に勝てるようになれば最高だろ」

一人ひとりに考えさせることは、頭ごなしに教えることよりも時間がかかります。しかし、これを辛抱強くやらないと、生徒一人ひとりの個性は育たないと思います。

「エンジョイ」の意味

エンジョイ・ベースボールというと、面白おかしく、楽しみながら、楽な練習をしている、と思われることもあります。

私たちが〝エンジョイ〟と言っているのは、自分たちで決めたことをきちんと、明るく楽しみながらやる、ということです。そのうえで、勝つために猛練習をし、必死になってボールと格闘しなければならない、ということなのです。

われわれは日本一を目指しています。練習中の怠慢なプレーや繰り返される凡ミスには容赦なく罵声が浴びせられることもあります。冬は長時間走ったり、重いバットを延々振ったりと、苦しいことの連続です。そして何より、チーム全体の練習ももちろん大切ですが、個々の部員が自分にとって必要な自主練習を毎日欠かさずやることが重要になってきます。

この自主練習は、エンジョイ・ベースボールならではのものです。「うまくなりたい」「強くなりたい」という自然な感情から、自ら進んで練習するわけです。そのほかにも、元旦の早朝にウエイトトレーニングをしている選手がいるという話を聞いたり、片道二時間近くかかる千葉から通う選手が朝練習をしている姿を見たりすると、私も頭が下がる思いがします。

勝つための猛練習は厭《いと》わない。しかし、自分たちの意思ではない、やらされるだけの練習はしない。それがエンジョイ・ベースボールの目指す姿勢であり、わがチームの伝統でもあるのです。

本当の猛練習とは何か、といつも考えさせられます。自分で決めたことを雨が降ろうが槍が降ろうがやり抜く。これこそ猛練習であると思いますし、その中で本当の精神力がつくのではないかと私は思っています。

生徒に任せると、めちゃくちゃになるのか？

「でも、生徒に好き勝手にやらせたらチームがめちゃくちゃになる」「だらしなくなる。礼儀正しさもなくなる」「うちの生徒なら、何をやり出すかわからない。慶應の生徒だからできるんだ」という批判もあります。毎日クタクタになるまで練習させないと、よからぬことをしでかすに決まっている、と言う先生もいました。

しかし話を聞いてみると、生徒の自主性に任せて失敗したことがある、というわけではないようです。無理だという指導者に限って、一回でも部員たちに決めさせたり考えさせたりしたことがないように思うのです。「やらせてみたら、いかがですか」と私はいつも申し上げることにしています。

もちろん、生徒がいろいろなことを自分で考えてできるようになるには、最初は指導者がある程度説明し、生徒たちを納得させ、やってみせる必要があります。

最初は、「まずこれだけは守ろう」という最低限の決まり事を話し合って決め、全員に納得させます。たとえば、服装のことや練習後の片付けのことなど、何でもいいのです。それができるようになったら、また話し合いながら約束事を一つずつ増やしていく。これを繰り返していけば、チーム内の約束事や決め事は部員たちが自主的に決めて実行するようになるはずです。

また、試合に行くときに、最初はみんなバラバラに行動していたなら「少しお前たちで考えてみろ」と水を向けると、少しずつ変わってくるはずです。

とはいえ、すぐに選手たちががらっと変わるわけではありません。時間はとてもかかります。

塾高でも最初からうまくいったわけではありません。少しずつ根気よく、意識や気持ちを変えていきました。

うちの部員の中にも、たまに「エンジョイ」の意味を履き違える者もいます。そういうときはもちろん厳しく指導しますが、選手にはいつも次のように説明しています。

「自分自身が常識で判断して、高校生としてやってはいけないことはするな」

「決められた規則を守れと細かく上から言われるのは、カッコ悪いと思わないか」

自分たちに任されると、かえって自分に厳しくなるのではないかと私は思っています。

自主練習に関していえば、あるときには強制してやらせることも必要です。そのうえで、全体練習をもっと長くとったほうがいいのか、自主練習の時間をとったほうがいいのか。どうやれば練習がうまくいくのか。上から押しつけるだけではなく、選手たちにも考えさせるのです。そして、実行させる。それをいつもいつも繰り返しやっていると、選手たちも変わってきます。

選手を信用して彼らの自主性を重んじるには勇気がいります。時間もかかります。しかし、始めないと何も変わりません。

すべてを意のままに操ろうとしていては、今までの野球の指導と同じになってしまいます。言われたことだけを何の疑問も持たずにやってきただけの選手は、ただ指示を待つだけで、一人になったときに自分で何をしていいのか分からない、そういう大人になってしまうと思うのです。

野球人気をこれ以上先細りさせないために

「強制されること」ばかりが多く、「楽しくない野球」がこれからも変わらないとしたら、野球はどんなふうになってしまうのか。このままでは日本の野球は時代から取り残され、どんどん衰退していってしまうと私は思います。

Jリーグをはじめとするサッカーの人気とはうらはらに、日本のプロ野球はテレビの視聴率の低下に悩まされています。観客の動員数も減少。アメリカの大リーグは好きだけれど日本の野球には興味がない、という人たちも増えています。少年野球の指導者の方々にお話をうかがうと、だんだん野球をやりたいという子どもが減ってきて、ひと昔前に比べて半分くらいになった、と言う方もいます。

それは、野球道的考え方や、今も残る理不尽な慣習などに、「なんか野球って古くさいところがあるな」と子どもたちがそっぽを向き始めたからではないでしょうか。これは否定的すぎる考えだとは思えません。

特殊な世界ゆえ特殊な人が野球をやる、という風潮も生まれてしまいました。その結果、選ばれた子どもの早期からの英才教育が進み、ますます野球人口を少なくしていったように思います。

野球は素晴らしいスポーツです。限られた人たちだけのスポーツではありません。多くの人たちが、できるだけ長く野球を続けることができる環境をつくらなければなりません。

それには、野球の本来の姿である〝楽しく愛される野球〟を取り戻す必要があると私は感じています。

私のような高校野球の一指導者が心配するには大きすぎる問題かもしれませんが、自

2006
KEIO UNIVERSITY
MATURE
KEIO BASEBALL

分ができることを少しでもやり、野球ファンを増やしたいといつも私は思っています。

そのスポーツの楽しさをまず教えること。そこから始めないと、そのスポーツをやろうと思う子どもたちは増えません。

そのために、自信を持ってエンジョイ・ベースボールをやる。高校野球の現場でエンジョイ・ベースボールの仲間をどんどん増やしてゆく。そして高校野球界を変革してゆきたい。そのためにはエンジョイ・ベースボールで強豪をどんどん打ち破る。

このようなことを目指して、私たちは今日も野球に取り組んでいます。

第2章

こんな野球がしたかった

——アメリカ野球がお手本

野球の原点

「アメリカの野球ならどうやるだろうか」

私には、いつもこの問いがあります。

第一回WBC(ワールド・ベースボール・クラシック)でもアメリカは勝てなかったじゃないか、という方がいるかもしれません。それなのに「どうしてアメリカなのか。そんなにアメリカかぶれなのか」と聞かれたら、「そこに野球の原点があるから」とお答えするしかありません。

では、野球の原点とは何か。

それは野球の始まった国における〝野球というスポーツの理念〟だと思います。

そのヒントは〝ストライク〟と〝ボール〟という語にあると思います。

もともとストライクとは、バッターに対して「いい球が来たから打て、叩け」といった意味です。そして、ボールは〝アンフェア・ボール〟の省略された形で、ピッチャーに対して「不正投球だ。しっかり投げろ」と審判が怒っているのです。

ピッチャーからバッターを見るようになっているテレビの映像からも分かるように、野球はピッチャー中心のゲームだと思われています。しかし、ストライク、ボールの本来の意味を考えると、野球というゲームは、バッターの側から見るのが本来の姿です。
野球というスポーツは、守るよりも、打って点を取る「点取りゲーム」なのです。

点は取られたら取り返す

一〇年以上昔のある練習試合でのこと。〇対〇で三回裏ノーアウト三塁、一点もやるまいと選手たちがビクビクしながら守っていた場面がありました。相手投手は好投手ですから、ここで点を取られたくないという気持ちもありました。

普通、ノーアウト三塁というような場面では、浅めに守ってバックホームの態勢をとります。もちろん一点も与えないためです。しかし、浅く守ったがためにヒットを打たれてしまうリスクもあります。内野と外野の間が広がるため、詰まった打球がその間に落ちると、なす術はありません。また、ボテボテのゴロで打ち取ったとしても、前で守っているので、内野手のちょっと横を打球は簡単に抜けてゆきます。

ピッチャーも、打たれたらヤバいな、という気持ちで投げています。その気持ちが力みを生み、ボールは必ず高めに浮いてくるものです。そして結果、面白いほど痛打を浴びます。このようなときは、ランナーがいないつもりで、リラックスして七分程度の力で低めに投げるしか方法はありません。

「ここは一点やってもいい、確実にワンアウトを取る気持ちでいこう」と私は選手に指示を出しました。こちらも相手から最低一点を取らないと試合には勝てません。試合はまだ序盤です。

それならば、三塁ランナーはいないのと同じ。透明人間です。だから「ビビるな。今はノーアウト、ランナーなし、と思えばいい」と選手たちに伝えました。選手たちはバックホーム態勢でなく、定位置につきました。

この場合、ピッチャーが厳しいコースに球を集めた結果、デッドボールやフォアボールで出塁されてもOKです。三塁ランナーに対しては何もできませんし、二塁でアウトを取るという有利な選択肢が一つ増えるからです。

結局、次の打者はショートゴロ。三塁ランナーは生還しましたが、この回は一点どまり。試合は中盤にわれわれが逆転して大勝しました。

点を取ることの意味

高校野球では、「守って守って、しのいで勝つ、それがベスト」という野球観が一般的です。特に初回に一点取られることをとても嫌がります。

しかし、残り九回で一点以上取ればいい。もし一点も取れなければ、いずれにしてもその試合には負けるのです。「一点取られても取り返せばいい」とか、「一点は仕方ないけど、それ以上、傷口を広げるのは阻止しよう」と考えるのがアメリカの野球です。

このような点取りゲームの「取られても取り返す」という考え方が私はとても好きです。「取られたら絶望的。だから取らせない」という考え方は悲観的すぎて、実りがないように思います。

この考え方に対して、高校野球に携わる多くの方々からご批判を受けてきました。「生きるか死ぬか」の武道の延長線上に発展してきた日本の野球。「エンジョイメント」「楽しみ」のゲームとして愛され、いかにリラックスしてプレーするかを考えてきたアメリカの野球。この二つの間に横たわる大きな溝に私は複雑な気持ちになります。

アメリカ野球に注目した理由

そもそも私がアメリカ野球に目を向けたのは、日本の野球強豪校に勝つためでした。

そして、アメリカの野球を学ぶ途上で、野球が本来持つ明るさとか楽しさを再発見していったのです。

私は今まで、おもにごく普通の高校生を相手に野球を指導してきましたが、そんな彼らと野球が上手くなるように猛練習をし、強豪校に勝つために最大限の努力をしてきたつもりです。強豪校と同じ練習方法も行ってみました。練習時間を強豪校以上に長くしてみたこともあります。

しかし、それだけではなかなか太刀打ちできなかったのが事実です。

そのとき、こう思いました。「今まで日本で行われてきたやり方や考え方では、強豪には勝てない。何かほかのやり方をしなければだめだ」と。


教員採用試験には受かったが……


私自身、小、中、高、大学と野球を続け、練習に明け暮れました。慶應義塾大学ではピッチャーで入部し、内野、外野を経験しましたが、選手としてはほとんど試合に出ず、箸にも棒にもかからなかった選手だったと自分自身では思っています。

卒業後は商社マンになって世界を飛び回りたいな、と漠然と考えていました。ところが、ある会社から内定をもらったとき、これでいいのか？　と疑問が湧いてきたのです。

自分は野球がやりたいのではないか？　野球から離れられるのか？

じつはこのとき教育実習を終えたばかりで、高校生を教えるのも楽しいものだな、と思っていたところでした。教員になれば高校で野球ができる。自分の母校で監督ができるかもしれない。そこで、急遽神奈川県の英語科の教員採用試験を受験してみました。するど、その年の採用数が多かったせいか、合格できたのです。

しかし、何事もそううまくはいかないもの。採用試験には合格しましたが、教員免許を取得するのに必要な単位が取れなかったのです。これで合格はパー。

その後、漬物の訪問販売や夜の新幹線のホームで蛍光灯磨きなどのアルバイトをしながら必要な単位を取り、何だかんだで英語と社会の免許が取れたのは、その二年後でした。

大学を卒業して最初にお世話になったのは、神奈川県でも指折りの野球強豪校・桐蔭学園です。赴任してすぐ野球部の練習を手伝うことになり、副部長という立場で桐蔭野球の勉強をさせていただきました。

その間も神奈川県の教員採用試験を受け続け、二年後に合格。今度は無事に県の教員になることができました。

公立高校の現実

晴れて神奈川県の職員として赴任したのは神奈川県立厚木東高校です。

厚木東高校はもともと女子高でしたが、途中から共学となった学校です。そのため、男子生徒は各クラスに四分の一ぐらいしかいません。赴任と同時に野球部の監督をすることになりましたが、部員数も各学年に七、八人程度。練習も、グラウンドは陸上部やサッカー部などと共用です。ノックの最中に陸上部の女子学生が走り抜けたり、外野ではショートのすぐ後ろでサッカー部が練習しています。それに、公立高校ですから、経験者や上手い生徒ばかりが集まっているわけではない。体も鍛え抜かれているわけでもない。

そこで、強いチームを目指してハードな練習を始めました。一日一五時間ほど練習をやった、今考えると恐ろしい時期もありました。同時に、筋力をアップさせて、パワー面では負けないようにと考え、さまざまなトレーニングも行いました。最新のトレーニング法を求めて、いろいろな大学に聴講生として通ったこともありました。

海の向こうに何かがあるはず

生徒たちは野球のエリートではありません。その生徒たちで、どのようにすれば強豪に勝てるようになるのか？　アリがゾウを倒すには？

まさに手探りの時代でした。私は勉強のために、いろいろな強豪校や社会人の練習を見学しに出向きました。遠く四国の池田高校に教えを請いに出かけたこともありました。生まれたばかりの長男をほったらかしにして行って、周囲から大ひんしゅくを買ったのはこのときです。

このように強くなる方法を探っているうち、アメリカの野球に興味を持つようになったのです。野球の本場アメリカに日本ではまだ知られていない方法がたくさんあるに違いない、と。

そこで、日本で集められるだけの洋書や洋雑誌を買いあさり始め、さまざまなトレーニング法、練習法、戦術などに関する文献を集中的に読むようになりました。当時はまだ若く、安月給の身です。一セット一五万円ぐらいするビデオセットを妻に内緒で買ったのがバレて、慌てたこともあります。

私は英語の教員ですから英語の文献を読むのは苦手ではありません。ところが、野球用語の特殊性は想像を絶しています。わからないところは想像で補いながら、空想の世界で練習方法を見つけていました。妄想にふけっていた、と言ってもいいかもしれません。

集めた文献には日本では聞いたことも見たこともない練習法や戦術が書かれています。日本で使えるのかどうか見当もつきません。

そこで、これは、と思ったものを試してみて、うまくいったものをさらにアレンジして、練習法を考えていきました。

今考えると、本に書いてあることを鵜呑みにして、バカな練習をやったものです。内野手が腹を手で押さえて「ウ〜ン」とうなって倒れ込み、ランナーが呆然としている隙に牽制球を投げてアウトにする、なんていう練習もしました。アメリカの技術書に本当に書いてあったのですから、お笑いです。

見えてきた新しい野球像

アメリカ人選手の打ち方や投げ方はとても個性的である一方、日本人選手は基本に忠実で、みんな同じようなフォームが多い、と俗にいわれています。

ところが、そのころアメリカの練習ビデオを見ていたとき、そんなことはないな、と思いました。意外にも、どの選手も同じような打ち方や投げ方をしているのです。また、練習では日本以上に基本を重んじていて、基本動作を徹底的に教え込んでいることもわかってきました。しかもシンプルでとてもわかりやすい。

ピッチャーの育成法でも面白いことがわかりました。

日本でもアメリカでも、ピッチャーにはまずストレート（直球）をきちんと投げられるように指導します。自分が一番速い球を投げるためのベストのフォームを徹底して教え込み、そのための体づくりを教えるのです。

これがある程度できた段階で、次に変化球を教えます。ここからが少し日本とアメリカでは異なります。

日本ならば、まずカーブやスライダーを教えます。ところがアメリカでは、チェンジアップを教えるのです。

チェンジアップという球種は、ストレートと同じ腕の振りで投げますが、ストレートほどスピードが出ないで失速します。言うなれば〝前後の変化球〟です。チェンジアップを投げると、バッターはその投球フォームから「ストレートが来る」と読んでスイングに入ります。ところが、打とうとしてもまだボールがポイントまで来ていませんから、体勢が崩れてバットにボールをチョコンと当てることしかできない。そんな球なので、バッティング練習もしづらいものです。

日本で変化球といえば、フォークボールがよく落ちるとか、スライダーのキレがいいといった、見た目に派手なものを好む傾向があります。チェンジアップはそれらに比べると地味です。しかし、速いストレートを投げるピッチャーがこのチェンジアップを覚えると、非常に強力な武器になります。アメリカでは、少年野球の段階では、まずストレートの正しい投げ方とチェンジアップの投げ方を徹底して教え込むのです。

さらに、この二つをマスターすると、ツーシームという球種を教えます。これもストレートやチェンジアップと同じ腕の振り方で投げる球です。別名ムーヴィング・ファーストボールとも呼ばれていて、この中には今はやりのカット・ファーストボールやシンカーが入ると思います。ボールへの指のかけ方を変えることで、ボールがホームベースに達したときに微妙な変化をする球です。

ストレート、チェンジアップ、ツーシームと教えてゆくアメリカ式の指導法は、とても理にかなったものです。その最大のメリットは、カーブやスライダーのように故意に腕をひねったりしませんから、ピッチャーの肩、ひじなどに負担がかからないことです。

まだまだ発育途上の将来ある子どもたちには、このように教えるべきなのです。

この少年野球のピッチャー育成法には、さすが、と思いました。私が早速この方法を取り入れたことは言うまでもありません。しかし、技術書を読んだだけではなかなかうまくいかなかったのが現実です。

公立高校から慶應義塾へ

このようにアメリカの野球に夢中になって試行錯誤を続け、四年が経とうとしていたある日、私の人生の転機となることが起きました。

昔お世話になった元慶大野球部監督の前田祐吉さんをはじめとする関係者の方々から、慶應義塾高等学校で監督をするために、教員採用に志願してみないか、とのお誘いをいただいたのです。

私には母校である湘南高校野球部の指導をするという夢がありました。その一方、従来の高校野球にとらわれない野球をしたかったので、じっくりとチームづくりに取り組める環境も猛烈に魅力的です。

さんざん悩み抜いた末、私は慶應義塾高校の教員に志願することにしました。

そして、最初は東京の三田にある中等部に赴任し、二年ほど中学校の教壇に立ちました。それまで高校生ばかり相手にしていましたので、ある種のカルチャーショックがありました。中学時代は育ち盛りです、数か月で体つきが変わってしまう生徒もいます。そんな生徒にスポーツで重い負荷をかけると、どこか怪我をしたり故障したりします。中学生の体と成長の様子について現実を見ることができ、このときはとても勉強になりました。

慶應義塾高校に赴任したのは一九九一年四月。そして、その年の夏の甲子園の県予選が終わってから、野球部の監督に就任しました。

間違っていなかったアメリカ式

そのとき、前田さんは大学野球部の監督をなさっていました。

付属高校のいいところは、近くで大学の練習が行われていて、練習を見せてもらえることです。大学の練習にうかがうと、前田さんが投手陣にツーシームやチェンジアップの投げ方を教えていることもありました。

これまで文献やビデオでしか知らなかった方法が目の前で実際に行われているのを見

たときは「やっぱり間違ってなかったんだ」と、本当にうれしかった。

当時は、前田さんだけではなく前田さんのあとに慶大野球部の監督になられた後藤寿彦さん、さらには長年、慶大野球部の助監督を続けられていた綿田博人さんなどにも、練習法についていろいろと相談をし、アドバイスをいただいていました。後藤さんはご自身が全日本の選手として活躍され、国際試合や社会人野球の監督経験から、本当にいろいろ教えていただいた恩人の一人です。全日本の監督をされたときの経験談も聞くことができ、身近に世界のトップレベルを感じることができました。綿田さんも、かつて一年間、UCLA（カリフォルニア大学ロサンゼルス校）にコーチ留学をした経験を持っておられたので、あちらでの実際の練習法をいろいろと教えていただきました。

このように当時の慶應義塾は、まさにアメリカ式野球が積極的に取り入れられ始めていた時期でした。

甲子園という壁

ところが、監督になって数年が過ぎても、強豪チームにどうしてもあと一歩どころか数歩も届かない。

神奈川県は、全国でも大阪と並ぶ激戦区です。甲子園の常連校がひしめいています。監督になってから公式戦で強豪・横浜高校と五、六回、対戦しましたが、一度も勝てないのです。それどころか一点も取れないという試合が続きました。これには楽天的な私も「このままずっと勝てないんじゃないか」と絶望的になってきます。「どんな練習をすれば強豪に勝てるのか」「われわれが死ぬほど努力しても、結局は強豪には勝てないのか」。毎日の練習のメニューを決めるとき、そんなことばかり考えていました。

塾高の偏差値はどんどん高くなり、入るのは相当難しい学校になってしまいました。受験をして入ってくる生徒たちはクラブ活動をしないで塾に通って勉強していた、というケースもかなり多い。そんな生徒を鍛えるわけです。強豪校と同じ練習をしていても勝てません。そこそこ強いチームではありました。でも、それは私たちの目標ではないのです。私たちは日本一を目指しているのです。

UCLAへ

壁を打ち破れない日々が続きましたが、アメリカのベースボールにそのヒントがあるに違いないと信じて、勉強は続けていました。そのころ、すでにアメリカ野球については相当詳しくなっていたと思います。一つ私に欠けていたのは、実物を見たことがない、ということでした。「ここにはこう書いてあるけれど、本当なのか?」「実際どうやっているのか見てみたいなあ」と窓の外を眺めては、ため息をついていた日々。

そんなとき、「外国で一年間、英語研修をしてくるように」という留学の許可が私に下りたのです。これは校長をしておられた山崎元先生の計らいでした。英語研修とは表向きで、私に「野球コーチ留学」のチャンスをくださったようなものです。今でも慶應義塾の懐の深さに感謝感謝です。

慶應義塾高校では、英語教員はハワイ大学への留学が一般的です。しかし、私は強豪ＵＣＬＡで本場のアメリカ野球の指導法を見たい。ＵＣＬＡで英語の勉強をしながら、野球部の練習を見てみたい。そこで、ＵＣＬＡのアダムス監督とは昔からの知り合いである前田さんや後藤さん、綿田さんに紹介状を書いていただき、自分でも「アメリカ流の野球の指導法、中でもピッチャーの育成法を知りたい。留学生として野球部の練習を見せていただけないだろうか」という内容の手紙を書いたのです。

アメリカ野球の深い懐

数週間後、アダムス監督から返事が届きました。そこにはこう書いてありました。
「うちのチームに来て、君は何を教えたいのか？」
私が書いたのは、受け入れてもらえるようにお願いする手紙です。当然返事はＯＫかＮＯのどちらかだと思っています。「コーチで来るからには、君の得意分野を知りたい。いったい何をうちのチームに教えてくれるのかい？」と書かれているのを読んだとき、まず非常にびっくりしたことを、今でもよく覚えています。

私が教えることなどない、とは思いましたが、もうここまで話が進んでいます。そこで、以前から取り入れていた神経系のトレーニングである〝華陀《かだ》体操〟——手足の靭帯や関節部分を柔軟にしたりするトレーニング方法——を教えることができる、ほかにもピッチャーのコンディションづくりなどを指導できる、といった内容を手紙でアピールしました。駄目押しに、当時、前田さんと一緒に高校野球の指導者向けのビデオをつくったのですが、なかなか評判もよかったので、そのセットも送りました。

そして、「正式にボランティアコーチとして迎える」という旨の手紙をいただいたのです。この懐の広さ。飛び上がるほどの喜びでした。その反面、「よくもまあ海の向こうの東洋人を、しかも高校のコーチを、本気でチームに入れてくれるなぁ」という驚きでいっぱいでした。

アメリカの大学チームのコーチ登録は一チーム四名までしかできません。ピッチング、バッティング、守備、そして残り一人がボランティアコーチです。アメリカの大学野球では、給料をもらわずに引き受けるコーチをゲームに一人だけ置くことができる制度があります。それがボランティアコーチです。その四人と監督だけが試合でベンチ入りできます。監督をはじめ計五人の指導者と選手たちが、全米を回って一シーズンに約六〇試合の公式戦を行うのです。

そして一九九八年の夏休みに渡米し、夏休み期間中は大学での講義に出席して英会話の勉強をして、その後、正式にチームに合流しました。

日本よりも徹底的な基本パターン練習

私が野球部に合流したのは秋の新学期が始まる直前です。ちょうどオフの時期で練習もなかったので、毎日ミーティングが続きます。この時期のミーティングでは、監督とコーチが一緒になって、シーズンを前にして、秋の練習のプランをつくっていきます。

平日の練習は、選手たちが大学の講義を終えるのがだいたい午後二時なので、それから午後七時くらいまで続きます。毎日の練習時間は結構長く、休みも四、五日に一回くらいしかありません。最長で九日間連続練習というときもありました。練習量の多さは日本人も顔負けです。

内外野の連係プレーの練習などでは、グラウンドに出る前に、まず座学が徹底的に行われます。あらかじめ座学で学んでおけば、グラウンドであたふたすることもありません。

練習では、守備でもバッティングでも走塁でも、とにかく基本パターンの繰り返しが続きます。日本でも基本的なパターン練習は行います。ところが、大雑把な印象のあるアメリカのほうが、じつはそのパターンがもっと細かく分かれていて、それをしつこいぐらいに練習するのです。

特に印象的だったのは、外野の守備練習です。アメリカでは外野の芝がとても深く、たとえばセンター・ライト間に打球が落ちたとき、ボールはあまり跳ねないで、すぐに勢いが落ちてしまいます。そのため、選手たちは素手でボールを拾って投げ返します。

ところが、試合が夜にかかってしまうと、芝生に露がつくので、ボールをしっかり握っ

UCLA の選手たちと（筆者は後列左から四人目）

て取らないと滑ってしまい、エラーの原因となります。そうならないように、外野手たちは必ず三本の指でボールを芝に押しつけるようにして握り、滑らないように確実に取るという、そんな基本的なパターン練習を繰り返しやるのです。

まずは外野の選手を集め、ボールを二〇〇個くらい外野の芝の上にばらまく。コーチのゴーサインとともに外野手がそのボールめがけて走り、ボールを取っては投げ返す。そんな練習を延々と繰り返していました。

ポイントはシンプル

アメリカでの野球の指導法はすべて吸収したいと思っていましたが、やはりピッチャーの育成法に一番興味がありました。

遠征試合に行くと、試合前日に両チームのコーチや監督の参加するパーティーがあるのが恒例です。そこで知り合った相手チームのピッチングコーチに、「ピッチャーにとって一番大事なことは何ですか」に始まり、どんな順番で変化球を教えるのか、配球はどうするかなど、事細かなことを必ず聞いて回りました。これは先方に大変嫌がられました。「この日本人しつこいなぁ」と思っていたに違いありません。

そこでわかったのは、日本とアメリカでは、ピッチャーを育てる際の考え方がかなり異なるということです。

日本でプロ野球や大学野球の指導者に、ピッチャー育成のポイントは何ですか、と一〇人に聞いたとすると、ほぼ一〇通りの話をしてくれるものです。

ところがアメリカでは、大学だけではなくプロ野球やハイスクール、リトルリーグといった年齢層の選手を教える指導者に聞いて回ってみると、もちろん十人十色ですが、大筋では重要なポイントは共通している。これを強く感じました。

その一つが、「速い角度のある球を投げるための一番のポイントは、〝グラブハンド〟の動かし方にある」ということでした。

グローブを入れたほうの腕をグラブハンドといいます。実際の投球で、ボールを握っている利き腕を十分に加速させて速球を投げるには、投球動作に入ったとき、グラブハンドを素早く腰のほうに引っ張らなければなりません。グラブハンドを早く引いたぶんだけ、その反作用としてボールを投げるほうの腕が早く回るのです。その一連の動作をブロッキングといいますが、これをアメリカでは非常に重要視していることがわかりました。この動きによって、前側に壁をつくって体の開きを抑え、投げ終わったときに上体がグラブ側に傾いて、投げ終わった腕が体に当たらないように逃がすスペースを、そこにつくり出すことができるのです。

専門的な話になってしまいましたが、そのシンプルな教え方がいくつもの重要なポイントをカバーしているのにはびっくりしました。

アメリカに二メートルを超える大柄なピッチャーが多い理由

日本でピッチャーを指導する際、投球時には低く長いステップで、なるべく足を前に出し、ホームベースに近い位置から投げるように、と指導します。

一方アメリカでは、逆に短いステップで、ボールを一番高い位置から投げるように、と指導します。

つまり、ピッチャーが高い位置から投げた球は、上からの角度がついたままバッターに向かっていきますから、そのぶん打ちにくい、と考えるのです。そういう意味では、ピッチャーの身長は高ければ高いほどいいと考えます。それゆえ、アメリカのメジャーリーグを見ると、身長が二メートル前後もあるピッチャーがゴロゴロいます。

「ピッチャーは、多少運動神経が鈍くても身長の高い選手に向いている。そんな選手に角度のある速球が投げられるように指導するのがアメリカのピッチングコーチの一番の仕事だ」と彼らは言います。

そう考えると、たとえば西武ライオンズの松坂大輔投手のような、野球選手としては比較的小柄で、しかもどこのポジションでもこなせるような運動神経抜群の選手は、アメリカではピッチャーとしては育てないそうです。彼ほどの運動能力があれば、野手にして、たくさん試合に出して活躍させたほうがいい、と考えるのがアメリカ流なのです。

なるほど、と思いました。しかし、日本ですぐにこれを取り入れるには、ある種の難しさが伴います。

日本の場合、小さいころから試合は一発勝負のトーナメント方式で行われます。そのため、目の前のゲームに勝つためには、コントロールがよく最高の運動能力を持った子どもを投手にするのです。

反対に、体が大きくて反応の鈍い子ども、また球は速いがコントロールが悪い子ども、あるいはバントされたら尻もちをついてしまうような子どもは、とにかくひとり立ちできるまでに時間がかかります。日の目を見るまでに消えてしまう子どもも大勢いるのではないでしょうか。

アメリカ選手の背中にある「バットだこ」

バッティングに関しては、面白い発見がありました。

遠征の際、ある選手と同部屋になったときのことです。

その選手がシャワーを浴びたあと、上半身裸になっている後ろ姿を見ると、片方の肩甲骨のあたりに縦にスジ状のアザというかたこができています。

不思議に思って「それは何だ?」と尋ねたら、「野球をやっていればみんなできるでしょう?」と言うのです。どうして当たり前のことを聞くんだ? とぽかんとしています。

アメリカでは右打者だと、左の肩甲骨あたりに縦にスジ状のたこができるのです。左打者はその逆。しかし、日本人プレーヤーには、こんな場所にたこはできません。

その理由は、打撃のフォームの違いにあります。

日本では、とにかくダウンスイングでゴロを打つことを子どものころから教え込まれます。フライを打ち上げても取られてしまえばおしまいです。しかし、ゴロを打ってボールを転がすと、当たりがよくなくても相手のエラーを誘うチャンスがあります。また守備に三つの動作(そのゴロを取って、投げて、そのボールを受ける)が生じるので、ミスが出る可能性が高くなります。

一方、アメリカでは、「ゴロばかり打ってもしょうがない。だって、ゴロを打ってもフェンスを越えないだろ？　バッターは強い打球を遠くに飛ばすのだ」と教えられます。

そこで、日本とは逆に、バットを振り抜くとき、フォロースルーで肩が完全に回るようにバットを担ぎ上げるようにスイングすることを心がけます。ゴロを打とうとすると腰が回らないのですが、このスイングだと肩、腰が最後まで回る。そうなると自然にバットが、利き腕の反対側の肩まで回ります。そんなスイングをしていると当然、肩甲骨のあたりにバットが当たり続け、たこができるのです。

この「バットだこ」には本当にびっくりしました。日本人の選手にはまったくないたこなのです。

大きな当たりを打つのがバッターというもの

アメリカではこのようなスイングを、体の大きな選手だけではなく、小さな選手もみんなやっています。もちろん、レベルが上がり、出塁することを求められる選手は、違った打ち方に軌道修正してゆきます。しかし、大きな当たりを打つことに野球の楽しみがあります。これが打ててこそ、バッターなのだ、とアメリカでは考えているようです。

そのたこを見せてくれた選手はＵＣＬＡの一番バッターでしたが、身長は一七五センチ足らず。体格は日本人と同じくらいなのに、ホームランを結構打っていました。その選手はのちにアリゾナ・ダイヤモンドバックスにドラフトで指名されて入団しました。

それほど体の大きくない選手でも、きちんと練習することで成果を上げている。日本の高校生にも効果があるはずだ、と私は確信しました。

日本に帰ってからは、バットを思いきり振り抜くことをいつも部員に言っています。大きな当たりを打てないというちのチームでは使わない、とも明言しています。

バットを思いきり振り抜くためには、技術面以外に、全身の筋力をアップさせるトレーニングが欠かせません。筋トレと大きい当たりを打つフォームでの打撃練習。この二つをバランスよく続けていると、小柄で非力だった高校生でも、大きな当たりを打てるようになります。そのような選手が卒業時にスタンド中段へ打球を運んだりすることもあるのです。こういう成長ぶりを見るのが私の楽しみです。中学時代はバントばかりしていた体の小さな選手が、ときにはバットを振り抜いてホームランを打つ。そんな選手が登場してくると、私はうれしくてしょうがないのです。

今でこそ、うちのチームは神奈川県内でバッティングのチームといわれていますが、それは私のこんな体験がもとになっています。

リーグ戦とトーナメント戦

さて、日米の野球で最も大きな違いとは何でしょうか。

それはトーナメント戦とリーグ戦。これに尽きると私は思います。

アメリカの大学野球のシーズンは二月から五月まで。その間に六〇試合を行います。全米の大学の野球チームはディヴィジョン1～3までの三つのランクに分けられており、各大学はその中で、所属するリーグで三〇試合とその他の大学と三〇試合を行うのです。UCLAはトップ三〇〇チームが集まるディヴィジョン1に属しています。

アメリカの大学野球は〝リーグ戦〟が基本で、〝ホーム&アウェイ方式〟で行われます。日本の高校野球で主流の〝トーナメント方式〟のように、たった一回の試合で勝負が決まるということはほとんどありません。なぜリーグ戦かというと、一試合だけではそれぞれのチームや選手の実力や能力はわからない、と考えるからです。

アメリカの高校野球も同様です。どこの高校でも専用のグラウンドを持っていて、試合は必ずホーム&アウェイで行われます。日本の甲子園に相当する全国大会はなく、州でのチャンピオンを決めた時点で終わりになり、それから上の試合はありません。試合はリーグ戦で行われ、州大会の準決勝ぐらいからトーナメント戦になります。

一方、日本の場合、高校で野球の専用グラウンドを持っているのは一部の私学だけです。そのため、夏の甲子園の予選をやるにしても、数か所の球場に出場校を集めて一発勝負のトーナメント戦をやるしかないのです。

アメリカ式にリーグ戦方式でやれると、部員全員に出場のチャンスが出てきますし、怪我をしたり疲労がたまった選手を休ませることもできます。日本でも本来ならこの方式でやりたいところなのですが、日程とグラウンドの条件にかなり制約があるため、現状ではなかなか難しいと思います。

試合に対する考え方の違い

また、リーグ方式とトーナメント方式の違いは、野球のあり方そのものや野球に対する考え方に極めて大きな違いをもたらします。

甲子園を見ても分かるとおり、日本の高校野球は一試合でも負けたら、そこですべて終わりです。だから、とにかく確実に勝つ野球をします。それには、いいピッチャーを育て上げ、試合では先制点を取って、とにかく最後まで守り抜く。そんな「守る野球」がベストだと考えられてきました。

一方、アメリカではリーグ戦が基本ですから、一試合だけの勝敗や個人の結果がすべてじゃない、という見方をします。つまり、この試合に負けても次の試合に勝てばいい、という考え方がいつもあるのです。

また、リーグ戦でプレーしていると、ミスやエラーは〝起こりうるもの〟として、比較的許容されます。そのぶん、プレーはとても大胆でおおらかです。もちろんアマチュアの場合は目を覆うようなミスの連発ですが、それが公式戦の試合経験の中で修正されていくのが不思議です。

そして「負けない野球」を目指します。たとえばアメリカ野球の場合、四対〇で勝っているなら、ベンチもピッチャーも気持ちの中で四点までなら取られても大丈夫と考えます。四点取られても同点だから、こっちが一点取れば勝てると考えるのです。そのため、ピッチャーはリラックスして投げることができます。一点の重みは試合の中盤以降に考えるべきことであって、試合の序盤は大量得点を狙うビッグイニングをつくることに力を注ぎます。一方、日本のようにトーナメント戦では「このまま逃げきろう。そのためには相手には一点も与えずに、こっちはあと二、三点取ろう」という試合運びをします。

個人の成績も一試合で判断するのではなく、リーグ戦をトータルで見て、バッターなら、どれだけヒットやホームランを打ったとか、ピッチャーなら防御率はどのぐらいで、三振はどれだけ取ったか、ということに注目し、それで選手の能力を判断します。

このようなリーグ戦の中で、高校生も力いっぱいバットを振る。それが将来大リーグで活躍するようなバッターを生み出しているような気がしてなりません。

試合に負けなければいい――このアメリカ野球の考え方は、私に最も大きな影響を与えたものの一つです。こういった考え方で試合をしたほうが、伸び伸びと自分たちの実力が出せるはずだ、と時間が経つにつれてますます実感するようになりました。

アメリカでもバントをすることも

アメリカの野球を見ていると、両チームともに一点がなかなか入らない白熱した投手戦もありますが、一二対一〇というようなスコアの試合もよくあります。こんなふうに両チームが互いに多くの点を取るゲームは日本では乱打戦と呼ばれ、大味な試合としてあまり評価されません。

しかし、アメリカでは、互いのチームがどんどん打って点を取る試合に、観客はとても盛り上がります。そんな試合やそれを喜ぶお客さんの姿を見ていると、ベースボールは、互いが力対力でぶつかり合い、好球を思いきり打ち合うスポーツだということを実感します。決してどの選手もいい加減にプレーして大味な試合をしているのではないのです。

一方で、アメリカでも状況に応じて、バントやスクイズをすることも当然あります。しかし、日本のように試合の前半からバントをするということはあまりありません。先ほども述べましたが、試合の前半は、バッターに打たせて塁を埋め、ビッグイニングをつくろうとします。

後半になって一点の重みがかかってくる場合、たとえば七回で五対五の同点で、相手のクローザーが出てくる前にどうしても一点ほしいというときは、バントをすることもあります。ただし、打順がクリーンアップに回ったときは、バントより打たせる場合が多いようです。

直輸入で通用するか?

長々と私とアメリカとの関わりを述べてきました。

アメリカの投手の育て方。大きい当たりを打てるバッティング。守るよりも打つ。点取りゲーム。負けなければいいという考え方――日本の強豪校に勝つために、常に私はアメリカの野球を手本にしてきました。アメリカ野球を経験すると、野球道とは明らかに違う面が見えてきます。日本では「一点も許さない」「ミスは許されない」「失敗は死を意味する」。それに対し、楽しんで冷静に考えながらゲームを進めるエンジョイ・ベースボール。「点はやってもいい。点は入るものなのだから」。

では、エンジョイ・ベースボールというのはアメリカ野球の真似なのか。

それは否定したいと思います。

アメリカ式の試合運びは好きですが、それで失敗もたくさんしてきました。

たとえばバント。じつは私自身、渡米する前からバントやスクイズはあまり好きではありませんでした。アメリカに行ってみると、やはり多用されていません。それに気をよくして、帰国後しばらくの間、ほとんどバントやスクイズをせずにガンガン打たせていたときがありました。日本では一戦も落とせないわけですから、バントやスクイズをやる頻度はアメリカに比べて多くなります。でもやらないのですから、勝てるわけはありません。日本流に考えていかないと試合には勝てないことを改めて実感しました。私がいつも強攻策をとるので、ＯＢの方々もかなり怒っていたと思います。

このようにアメリカ式にやって失敗したときは、批判されることももちろんあります。しかし、それを恐れていては自分たちの目指す野球はできません。

日米両方のいいところを場面に応じて使い分けること。そこでのバランスのようなものが大切だと思っています。

日米の野球のいい点を融合した野球ができたらいいな、といつも考えています。

明るく楽しい野球がしたい

二〇〇五年、バレンタイン監督率いる千葉ロッテマリーンズがプレーオフを制して優勝を飾りました。プレーオフの是非はともかく、私たちの目に焼きついたのは、選手たちと監督が一丸となって心から野球を楽しんでいる姿でした。

同年、海の向こうでは井口資仁《ただひと》選手の属するシカゴ・ホワイトソックスが、バントなどを積極的に取り入れた機動力の〝スモールベースボール〟でワールドシリーズを制しました。もちろん、イチロー選手や松井秀喜選手などの活躍も、われわれが日々目にしているところです。

さらに二〇〇六年のＷＢＣでは、日本はその持ち味を最大限に発揮して世界一に輝きました。日本代表チームは世界に日本野球のレベルの高さを示してくれたと思います。私も野球人の端くれとして、非常にうれしく思いました。

これらを見て思うのは、日米の野球のスタイルが、そのおのおののいいところを取り入れて、さらに進化している、ということです。そして、どんなスタイルであれ、選手たちが心から野球を楽しんでいる姿（胃がキリキリするような緊張も、あえて「楽しむ」ものだとさせていただきます）を見せてくれるのは、本当にうれしいものです。

アメリカ野球のように、〝野球道〟の対極にある明るく楽しい野球がしたい。そして、強豪校に何とかして勝ちたい。私はいつもそう考えています。

第3章

日本一になろう——二〇の部訓

チームの意思を統一するには

慶應義塾高校には、付属の中学校である普通部・中等部からの生徒と、高校入試を経た生徒が、ほぼ同数ずつ入学してきます。

野球部にもいろいろな経歴の生徒が多数入部してきます。

まず、付属中学の軟式野球部出身の生徒がいます。また、帰国子女入試で世界中から野球を愛する者が集まってきます。いろいろな事情から中学時代に野球がやれなかった初心者もいます。軟式しかやったことのない者もいれば硬式経験者もいます。二〇〇三年度から導入された推薦制度（中学時代に自分の得意とする分野で実績を上げ、さらに学業においても優秀な者が入学する制度）で野球部に入部してくる生徒もいます。

このように、さまざまな生徒が野球部に入部してきます。そうなると、個々の実力や野球に対する考え方や取り組み方など、一人ひとりずいぶん異なるものです。

このばらばらな野球に対する考え方やアプローチを、慶應義塾高校野球部という一つの文化にまずまとめる必要があります。

強い組織の条件は、部員全員の意思統一がなされていることです。それには、まず全体の目標が明らかにされていなければなりません。さらに、その目標に至るための方法が具体的に設定されていることも必要です。一番大切なのは、目標と方法を全員が理解・納得していることです。行き先がわからない組織は、どこにもたどり着けません。目的地がわかっているからこそ、そこに至るための方法・手段を決めることができます。

この目標や方法は、それぞれの野球部によって異なります。人間教育に重きを置く部もあるでしょうし、規律を重んじる部もあるでしょう。その意味で、これらはその野球部の「哲学」と言ってもいいものです。

われわれにも「哲学」があります。

その慶應義塾高校野球部の「哲学」を明文化したものが「部訓」です。

上下関係が厳しかったころ

私が塾高野球部の練習を最初に見て、まず感じたのは、部員の上下関係がとても厳しいことでした。

かつては強豪として鳴らしていた塾高でしたが、私が赴任したころの実力は、県大会で三、四回戦までの実力。しかしながら長年の伝統で、部の中には非常に厳しい上下関係が続いていました。ひと昔前の慶大野球部のスタイルがそのまま高校にも反映されていたからです。

　私が大学の野球部にいたころにも、厳しい上下関係がありました。一年生のときは毎朝六時起床でグラウンド整備。もし練習中にボールがイレギュラーすれば、一年生たちが上級生に謝りに行く。こんなことが日常的に行われていました。

　そんな大学野球部の影響を受けていたので、高校の野球部でもグラウンド整備は当然一年生の仕事でした。練習を始めるのにも、下級生にグラウンド整備をさせて上級生はウォーミングアップに向かいます。練習が終わったあとの反省会、つまり説教は、上級生が下級生を正座させてやっていました。当時の部員数は一学年に一五名くらいずつ、全部で四〇～五〇名ほどでした。だから全体の練習が終わったあとのグラウンド整備は、一年生だけでやると、どうしても一時間以上かかってしまいます。練習後は上級生が着替えたあとに下級生が着替えます。一、二年生が学校を出るのは、毎日夜の九時、一〇時だったようです。

　では、上級生の練習態度は下級生の手本になるようなものだったのか。中には能力も高く真面目に練習に取り組んでいる生徒もいましたが、チーム全体のベクトルが試合に勝つという一つの方向に向いているようには見えませんでした。

もっと合理的にできるはず

こんな無駄なことをしていたら、いつまで経っても強くなれないな。これが率直な印象でした。強くなるためにまず必要なのは、厳しい上下関係でしょうか？　そうではないはずです。

私はまず野球部のコーチを夏まで務め、夏の神奈川県予選が終わったあと、新チーム結成と同時に監督になりました。半年間コーチとして野球部を自分なりに見てきて、塾高はどういう野球をするべきなのか、新チームをどう指導してゆくか、その間にいろいろと考えていました。

そしてある日、新チームの二年生たちに、こう提案してみたのです。

「今までのやり方を変えて、強いチームを目指さないか？」

一年生のときにこそ一番多くウエイトトレーニングをやらなければいけないし、バットをたくさん振らなければいけないのに、一年生だからといってグラウンド整備やボール磨きなどの雑用ばかりをやっていては、この部が強くなるはずがない。だから、練習前後のグラウンド整備をみんなでやる。そうすれば、そのぶん時間が短縮できる。その時間を練習にあてる。上級生と下級生の垣根を取り払い、パッと準備して練習を始め、終わるときも全員でグラウンド整備をしてさっさと片付け、空いた時間を自主練習に使おう。そうすれば絶対もっと強くなれる。こんな内容のことを説明したのです。

二年生にしてみれば、これまで下級生としてさんざん苦労してきたので、「それはないぜ」と内心では思ったかもしれません。しかし、意外にも全員がすんなりと受け入れてくれました。

そして、新しい野球部の方向性をはっきり示すために、私が部訓を書き上げたのです。

部訓

慶應義塾高校野球部の部訓は、私がそれまで野球選手として、また指導者として、「こうしたい、こうありたい」と思ってきたことを二〇にまとめたものです。これまで接してきたほかの競技の指導者の方々から教えられたことも入っています。一つひとつはほかの野球部の監督さんたちがいつもおっしゃっていることとさほど変わらない内容かもしれません。でも「こういう野球がしたい」という私のこだわりを凝縮してまとめたつもりです。それは昔から変わっておらず、今に至るまで変更は加えられていません。

Victory Stage
KEIO

日本一になることが一番の目標

部訓の最初に掲げてあるのが、
「日本一になろう。日本一になりたいと思わないものはなれない」
県大会の三回戦で負けてしまうようなチームに向かって、いきなり「日本一になろう！」と発破をかけても、ほとんど説得力がなかったかもしれません。部員たちの中には戸惑ったり冷ややかな目をする者もいました。しかし、監督である私が本気で日本一を目指さなければ、何も始まりません。

神奈川県には全国にその名がとどろく野球名門校が目白押しです。そういったチームを倒し、まず神奈川で一番になる。それは日本一をとるつもりでいないと、できないことなのです。

よく、「ほかの県に行けば甲子園に出られるかもね」などと冗談混じりに言われることがあります。しかし、神奈川県で野球をしていることに私たちは誇りを持っています。

さて、この部訓ですが、「こんなモットーでやってます」とわざわざ外に向かってアピールするのもカッコよくないので、人に見せるのはちょっと気恥ずかしい気もします。

慶應義塾高校野球部　部訓

日本一になろう。日本一になりたいと思わないものはなれない。

Enjoy Baseball（スポーツは明るいもの、楽しいもの）

礼儀正しくあれ。どんな人に対しても、どんな場にあっても、通用するのは人間性。一人一人の人間性が慶應義塾の評価を決める。挨拶は人との最初の勝負。

自分一人で生きていると思うな。自分一人で野球をやっていると思うな。周りの者に感謝の気持ちを持て。感謝の気持ちは「ありがとう」。世の中にそれほど以心伝心はない。言葉は使ってはじめて活きる。

時間厳守。組織が成り立つ、人の信頼を勝ち取る最大の武器。

個と全。グラウンドに出たら個人の技術、精神力を高めるための最大の努力をせよ。そして同時にチーム全体の流れ、ムードを考えてプレーせよ。一人一人がキャプテンだと思っているチームのみが勝つ。自分がやって50、人をやらせて50。

他人の悪口を言う者の周りにはいつも悪口ばかり言っている者が集まる。自分の不運を嘆く者の周りにはいつも同じ類が集まる。結果とは関係なく自分のやっている事にプライドを持て。君は誇り高き我慶應義塾の同志だ。

グラウンド、用具は大事に。最後に神様が微笑んでくれる。

闘争心を持て。ただし相手を口で罵倒するような事はやめよう。相手の好プレーには拍手を送ろう。

グラウンドでは上級生、下級生は対等。しかし下級生は上級生に敬意を払い、上級生は下級生に色々と教え、叱り、同時に模範となる練習態度、学業態度を示せ。

理論武装をせよ。君達は将来の指導者だ。子供たちに正しい事を教えるために、ルール、技術論、フォーメーション、勝負哲学、体の構造、医学知識、栄養学、運動力学を知れ。慶應義塾は「身・技・体・学・伝」。

返事はただ。広いグラウンドでは大きな声と動作がコミュニケーション。

凡人は習慣で一日を送る。天才はその日一日が生涯である。毎日が本番。大会前だけ盛り上がって全国制覇ができるか。泥棒に練習試合はない。

今の自分を許すな。自分のプログラミングが出来ない人間が負ける。

文武両道。カッコイイ生き方をしたいな。

自分の評価は自分でしろ。人の目、人の評価を気にしてばかりいるとパイプが詰まる。

自分がどんなに頑張っててもダメという相手でも、絶対に負けるのを嫌え。勝ち負けの勝負にはとことんこだわれ。負けても淡々としている奴は勝てない。早すぎるんだよ切り替えが。30対0で負けていても逆転すれば世間はそれを奇跡というんだ。

自分で自分の逃げ道を作るんじゃねえ。
（コツコツと真面目だけじゃ我慢できない。とことん勝負師）

男は危機に立って初めて真価が問われるものだ。チームもここぞで点をやらなきゃいいんだろ。最後は勝てばいいんだろ。

雨と風と延長には勝つ。

エンドレス（いつまででもやってやろうじゃないか）

この二〇項目からなる部訓をまず部員全員に理解してもらいます。そのうえで、私たちは一丸となって練習や試合に臨みます。高校野球では、レギュラー選手だけが上手くなればチームが強くなるというものではありません。全員が同じ目標を持ち、同じ方向を向き、自分なりの努力ができるようでないと強いチームはできないのです。ベクトルを同じ方向に向けるために、この部訓は必要不可欠なのです。

第4章 一人ひとりが独立自尊

——野球部はこんなところ

野球部の歴史

わが慶應義塾高等学校は、一九四九年（昭和二四年）に、慶應普通部を前身とする慶應義塾第一高校と、慶應商工を前身とする慶應義塾第二高校が、一つに統合されて誕生しました。

その野球部の歴史をひもといてみると、慶應普通部は一九一六年（大正五年）の第二回夏の甲子園大会で全国優勝を、さらに一九二〇年（大正九年）の夏の大会でも準優勝を果たしています。通算で春は六回、夏は一六回も甲子園に出場していますし、戦後、慶應義塾高等学校になってからは、夏三回、春二回、甲子園の土を踏んでいます。

一〇〇人を超す部員数

ここ数年、野球部の人数は常時一〇〇人を超えるぐらいになっています。私が監督になった一九九〇年代の初めごろの部員数は三〇人から四〇人程度。ずいぶんと増えてきたものです。

毎年春になると、四〇人近くの新入生が入部してきます。わが野球部では、普通の高校野球チームでは通例になっている一年生のグラウンド整備も雑用も、夏までは一切させません。新入生には最初はあまりキツい練習はさせないようにし、まず野球の楽しさを教えて、「野球って面白い、だからがんばろう」と思ってもらえるようにしています。礼儀や基本的なルールもしっかり教え込みますが、それ以外は野球の基本技術の習得や体力トレーニングに集中させます。

もちろん、野球部とはいえ、最も大切なのは日々の授業です。学業を優先し、早く高校生活に慣れさせることが第一であることは言うまでもありません。

中には野球には向いていないとか、やっぱりほかのスポーツがやりたい、といった理由から、ほかの部に入り直す選手もいます。しかし練習がつらいから体力的についていけないということは、うちの部ではほとんどないと思っています。

残念ながら、一年間に五人くらいはやめる選手がいます。そんなときは、自分が野球の面白さを伝えられなかったような気がして、いつも悔しい思いがするものです。しかし、ほとんどが三年生の引退時まで残ってくれるのはうれしい限りです。

部員数が多くなりすぎると、キツいランニングなどをさせて部員減らしを行う学校も昔はたくさんありましたが、塾高野球部ではそのようなことは一切やりません。

「甘い」と言われようが、このスタンスを変更するつもりはありません。不自然なかたちで野球をやめた選手は、将来父親になったとき、自分の子どもに喜んで野球を教えるでしょうか。指導者の役目は「孫の代まで野球を好きにさせること」。私はそう固く信じています。

今でも初心者が入ってくる

神奈川県の大会でも上位に名を連ねたり、甲子園に出場したとなると、ある種、近寄りがたい部であるように思われてもしょうがないのかもしれません。経験者、それも相当上手い経験者しか入部できないのではないか。そう考える方も多いと思います。

ところが、わがチームには今でも野球の経験のない初心者が多数入部してきます。陸上、バレーボール、サッカーのほか、中学時代はパソコン部で運動部の経験のない選手まで、その内容はじつにさまざまです。

「コノヤロー、こっちは甲子園出てんだぞ！」とちょっと思いますが、いろいろな経歴の選手がエンジョイ・ベースボールを合言葉に少しでも上手くなろうと練習に取り組む姿は、本当にいいものです。

もうずいぶん昔、タッチアップという小学生でも知っているルールを知らない一年生がいました。テレビゲームでは野球を知っていたものの、実戦経験のまったくない一年生でした。ゲーム形式の練習をしていて、一同唖然としたのをよく覚えています。「まいったなー」と思いましたが、だからといって彼のような初心者の入部を拒むつもりはまったくありません。大変ですが、彼のような選手を一人前にするのも指導者冥利に尽きるというものです。練習して上手くなれば、彼にとっても私にとってもこんなに楽しいことはありません。こんなふうに思うようにしています。

このような初心者には、野球のルールの解説、バットの握り方、ボールをよける練習などから始めます。とはいっても、経験者と初心者を完全に区別して練習しているわけではありません。

そのほか、アジアやヨーロッパの日本人学校で野球をやっていたという帰国生も例年数名ずつ入部してきます。彼らによく話を聞いてみると、部員が四名だったり、毎日キャッチボール程度しかできない環境だったりで、彼らもやはり初心者なのです。

最初はとても下手で、「こいつはどう鍛えてもダメだ」と思われるような選手が毎年います。しかし、そういった選手が猛練習を積み、一年経って練習試合でヒットを打ったりすると、ベンチにいるほかの選手たちが自分のこと以上に喜んでくれる。ベンチに戻ってきた選手をレギュラーがハイタッチで迎える。高校野球の監督の楽しみは、試合に勝って甲子園に出るというのもありますが、こんな姿を見られるところにもあると思っています。

塾高野球部がもっと強くなったとしても、初心者の入部を断ることはありません。一人でも野球好きを増やすことが指導者の務めだと私は考えます。

同じ額の部費を払っているのだからみんな平等

経験の有無などによる選手間の実力差は、やはりあります。シニアリーグやボーイズリーグを経験してきた選手は、基本的なテクニックは身についていますし、硬球にも慣れています。

野球が上手な選手ばかりのところに、まったくの初心者やそれほど上手でない選手が入ってくると、恥ずかしいとか居づらいとか感じることがあるでしょう。ある程度のレベルにある選手のほうも、そのような選手に対して「どうせ上手くならないんだから、早くやめればいいのに」と思うこともあるかもしれません。

しかし、そんな居心地の悪さは、塾高野球部では排除したいと思っています。

試合にあまり出ていない部員たちに私がよく言うのは、「同じ額の部費を払っている のだから、みんな平等だ。言いたいことを言え」ということです。また、全員には繰り返しこう言っています。「たとえレギュラーであれ、そうでない部員であれ、一生懸命やっている者には最大限の敬意を払え」と。

初心者で技術的に劣る部員もいますが、そういった部員の多くが、全体練習が終わると、自主練習を始め、毎日最後まで残って一人でティーバッティングをやったりランニングをしたりしています。その必死の形相を目にするとレギュラーも気圧《けお》されて、練習を終わりにできなくなるものです。

大学生のコーチが、居残って練習している部員たちにもアドバイスをしたり指導をしているうちに、そういった部員たちの野球はだんだん上手くなり、自信もついてきます。そうなると、自分の考えや感じたことをレギュラーたちに平気で言えるようにもなってきます。レギュラーたちも真剣に耳を傾けます。入部したときにはものすごい実力差があったのに、三年生になるころには、ほとんどその差が埋まったり、逆転している、ということもよくあるのです。

たとえまだそれほど野球が上手でなくても一生懸命練習に取り組む選手がたくさんい

るチームというのは、絶対にチーム全体の力が上がるものです。

あるとき、ベンチ入りは難しいかなという一人の選手を監督室に呼んで、「マネージャーをやってみないか」と聞いてみました。すると彼は、「自分にもまだ選手としての可能性はあると思っていたのに……」と言い、ボロボロと大粒の涙を流してしばらく泣いていました。すべての選手が、最後まで自分の能力を信じて努力を続けているのです。彼のような真面目で一生懸命な選手には、本当に頭が下がる思いがします。

推薦入試

わが校では二〇〇三年度から推薦入試が実施され、野球部にも硬式のクラブチームなどで活躍した選手が若干名入部してくるようになりました。

これを〝スポーツ推薦〟と言われることがあるのですが、そうではありません。

推薦入試には二つの大きなハードルがあります。①中学三年の二学期（一・二学期）の九教科の成績合計が五段階評価で三八以上ある。②運動・文化芸術活動などにおいて、顕著な活動をした。この二つがクリアされていれば、一次選考は書類選考のみです。これに通ると、二次選考の面接で合否が決定されます。この推薦入試は一般入試より難しいともいわれています。

この推薦入試で毎年約四〇人が入学してきますが、そのうち野球部に入ってくるのは一〇人前後。入学後はすべての選手はまったく同様に扱われ、学業第一の高校生活を送ります。

わが校の一般入試は首都圏でもトップクラスにランクされるほどの難関になっています。そのため、専門の予備校に通わないと合格するのは極めて難しいといわれています。こういった予備校に通う中学生は、クラブ活動をあきらめざるを得ないことがほとんどのようです。

厳しい受験を勝ち抜いた生徒が、目標を達成してしまうと、学業やクラブ活動などに興味を持たなくなる例をよく見ます。そうなると学校全体の雰囲気もある種、停滞してきます。そんなときに、学業にもクラブにも、また学校行事にも活き活きとして参加する生徒がいると、学校全体にいい影響を与えてくれるのです。

そこで、学内に活力を与えるために何かできないか、ということで、推薦入試が導入されたわけです。

また、これまでの入試でも日本全国から受験生が集まってきていました。しかし、地方には慶應義塾高校の入試に特化した予備校があまりありませんから、首都圏に比べるとなかなか入りにくいのが現状です。そういった中学生の中で、スポーツや文化芸術面で何らかの活躍をした選手にチャンスをあげたい、という配慮もありました。

この推薦入試導入の結果、じつにさまざまな個性を持った選手が入学してくるようになり、学内を活性化してくれるようになりました。

野球部も同様です。以前よりも多様な来歴の選手がエンジョイ・ベースボールをやるために集まるようになってきました。そしてお互いに刺激し合いながら甲子園を目指して切磋琢磨しています。

塾高の「文武両道」とは?

学業でも成績優秀で、運動も一生懸命やっているような選手のことを、普通〝文武両道〟を果たしているといいます。日本の高校生の場合、受験勉強をしてスポーツもやっている、というようなことを意味しているような気がします。

しかし、文武両道とは、本当にそれだけのことしか意味しないのでしょうか。

たとえば一流進学校にいて、そこでスポーツに熱中していれば「文武両道」なのか。

そしていい大学に入ればＯＫか。一流大学でスポーツバカになっていて本当に「文武両道」なのか。このことをいつも疑問に思います。

野球が上手で、しかもテストでいつもいい点数をとっているとしても、本当の知的好奇心がなければ、その選手は人間として成長するでしょうか。

運動をやり続けながらも、世の中の出来事に関心を持っていて、ある程度の意見を言える。将来の夢を語れる。世界のことや歴史について詳しい。科学に関心を持つ。文学を語れる。このような「人間の幅」のようもの、言葉を換えれば「知的好奇心」を持った高校生こそ文武両道と呼ぶにふさわしいのではないかと思うのです。

野球部の選手の中にも、オフの日にはピアノを弾いているとか、日本史に妙に詳しかったりとか、そういう選手もいます。私の知らない世界の話をするそんなときの彼らは、とても大人っぽく見えます。

部員たちは、日々の授業や試験をこなしながら甲子園を目標に野球を続けています。これを文武両道と呼んでもいいのかもしれません。しかし、私としては、野球と学校の勉強だけでなく、それ以外の幅を持った高校生になってほしいと思っています。

受験の心配がないからそんな悠長なことが言えるんだ、とお叱りの声が聞こえてきそうです。しかし、これは人間としての基本的な姿勢だと私は思います。野球が忙しいから、受験勉強さえしていればほかのことは気にかけなくていい、という考え方は私は嫌いです。「知的エリートになれ」と私は選手にいつも言っています。

スポーツで揉まれる一方で、勉学でもハードなものを要求される。野球以外のことにも興味を持てる。スポーツをやめたあとでも、さまざまな世界に飛び出していけるだけの実力が身についている。野球部の部員にはそんなふうになってほしいものです。

将来、卒業生の中から政治家や医師、弁護士、俳優、また小説家などが出てくれば、そしてその連中に甲子園出場経験があったら、こんなにうれしいことはありません。

塾高野球部の雰囲気

このように、さまざまな来歴の選手たちが集まり、お互いに高め合い刺激し合いながら、私たちは今日もエンジョイ・ベースボールを続けています。

グラウンドでは、緊張感とリラックスした雰囲気が適度に漂いますが、懸命にプレーしている最中は選手たち同士で怒り合ったりもします。納得いかないことがあれば、私に向かって「今のはこうじゃないですか」と大声で話しかけてくる選手もいます。

しかし、厳しい中にも笑顔があります。真面目に練習をしていると、とんでもないミスが出たりします。ネットに当たって跳ね返った打球が股間を直撃したり、全力疾走中にバランスを崩して滑稽な転び方をしたようなときは、みんながゲラゲラ笑ったり、気の利いた野次が飛んだりします。

楽しむことよりも修養が優先される「野球道」では、このような笑いを許すような雰囲気はないかもしれません。しかし、私はこういう雰囲気を大事にしたいといつも思っています。真剣に練習をしているということと、笑うということは、相反することではまったくないのです。

意識改革から始まった

今でこそたくさんの新入生が入部を希望する部になりましたが、もちろん初めからこのような野球部だったわけではありません。

私が慶應義塾の教員になり、塾高野球部の練習を初めて見たときに感じたことは、「このぐらいいか」というものでした。選手一人ひとりのレベルはもう少し高いと思っていたのです。

それよりも気になったのは、部員たちの野球に対する意識があまり高くなかったことでした。当時、大変びっくりしたことですが、練習中に外野を守りながら、イヤホンでラジオを聴いている部員もいました。

技術云々という前に、まず意識改革が必要でした。

部員たちを本気にさせるには、どうすればいいのか。

それには「私が本気であることを部員にわかってもらうことだ」と考えました。

そこで、野球の基本や、なぜそうするかということを、微に入り細に入り、懸命になって繰り返し説明しました。そして、実際に何度もやってみせました。

そのころの選手は、ヒットを打つとニコニコしてベースの上に立っているだけで、そのあとの走塁はそれはお粗末なものでした。一度出塁したら、いかにピッチャーとキャッチャーのバッテリーの意識をランナーに向けさせるかが勝負になります。同様のことは相手の野手に対してもいえます。塁にいるランナーに五〇パーセントの意識がいけば、残りの五〇パーセントしか打者や打球に意識が向けられないことになります。そうなると、投手は思うとおりの球が投げられませんし、守る野手もいいスタートが切れません。こんなふうに、リードひとつとっても、それをやるのにこれだけの意味があるんだ、ということを詳しく説明しました。

次に実際にやらせてみます。最初はうまくできません。そこで私が実際にランナーになって、何回もやってみせたこともありました。

理屈だけでは人はついてこないのかもしれません。また、情熱だけでも薄っぺらいもので、指導者一人で暴走しがちです。メッキはすぐにはがれます。この理屈と情熱のバランスは大切だと思います。

しかし、理屈か情熱かといえば、こちらが熱く向かっていけば、高校生たちは熱く応えてくれると信じます。それは昔も今も変わりません。

遠征に連れていった意味

当時は「みんなで甲子園を目指そうぜ！」と真面目な顔で言っても、部員たちの目はほとんどが笑っていました。

このような意識を粉砕するために次に私がやったのは、部員たちを関東から遠く離れた地区の学校へ遠征に連れていくことでした。

自分が今まで行ったことのない場所で、甲子園でも名前を聞いたことのあるチームと試合をする。そうすると、全国レベルの野球とはどのぐらいのものなのか、そして自分たちの実力はどのぐらいなのか、わかってきます。最初は「勝てるわけがない」と萎縮します。しかし、試合を重ねるうちに、「こうすれば勝てるのではないか」「もっとここを練習しないと勝てない」というように、少しずつ自信を持てるようになります。

最初の遠征では愛知県へ行き、甲子園の常連校・中京高校と試合を行いました。

試合は一回の表、いきなり相手の先頭打者にホームランを打たれたのを皮切りに、打者一巡し、再び一番バッターにホームランを打たれ、結局、相手に二五点くらい取られて、こちらは一安打で完封負けでした。

試合でマスクをかぶっていたキャッチャーは、自分たちのあまりの不甲斐なさと相手との実力の差が身に染みて、試合の途中から泣きながらプレーしていました。しかし、こういう経験は必ずいい方向へと向かいます。

強豪校との接戦

こうして練習試合を積極的に行い、試合のあとはみんなでプレーを振り返って、何がダメで、どの部分が足りなかったかをとことん話し合いました。そのうえで、それを補う練習を繰り返し行いました。

数年経つと、少しずつですが、練習試合で強豪校相手に接戦に持ち込めるまでになってきました。「オレたちもやれるじゃないか」といった自信が生まれてきました。日々の練習や遠征の成果が少しずつ出始めたのです。

しかし、そういった接戦に持ち込むことは、それほど強くなくても可能なのです。まさに「接戦は易し、勝つは難し」。その接戦の中で、初めて一球の重みを思い知るようになります。接戦でいつも負けているチームは本当は弱いチームなのです。

逆に言えば、接戦に勝てるチームというのは、ものすごく強いということなのです。わずか一点差を跳ね返して勝つ。そのためには確実なプレーがいつもできる実力と、プレッシャーを跳ね返すだけの精神力が必要です。この二つのバランスがよくないと接戦には勝てません。ここからが「茨《いばら》の道」なのです。

あるとき、公式戦で名門の横浜商業と戦ったことがありました。うちが善戦して僅差で負けたのですが、試合後、選手たちは「もう少しだったのにな」と、強豪校と互角に戦えたことに満足してしまっていました。また、応援に来てくれた人たちも、よくやったと褒めてくれるばかりです。

接戦をものにできなかっただけでなく、負けたくせに満足したような顔をしているのを見て、私の中にムラムラと怒りがこみ上げてきました。急遽、全員練習グラウンドまで帰るように言って、真っ暗な中、何時間もランニングをさせました。

野球は点差のスポーツではありません。勝つと負けるは天国と地獄なのです。

あの手この手で意識改革

ひと言で「意識改革」といっても、なかなか思うようにはいかないものです。そのため、いろいろなことを行いました。中にはちょっと変なのもあります。

練習中や試合中に英語を使うように指導したこともありました。たとえば、攻撃が終わって守備につくとき、選手たちに互いに「ディーアップ！　ディーアップ！」と言わせる。これは「さあ、ちゃんと守ろうぜ！」という意味の英語 Defence Up を言いやすく略したものです。すると、相手選手は、「ディーアップって何だ?」「何だこのチームは。英語かぶれか」と落ち着かない気分になります。そうなるとしめたものです。

うちと相手は同じ野球の試合をしています。しかし、このようなかけ声をかけることで、うちと相手とでは違うスポーツをやっているような感じを選手たちに植えつけてやれば、自分たちの野球を自信を持ってやることができる。そんなふうにも考えました。「相手が将棋で来るなら、こっちはチェスでピョンピョンと駒を飛ばしなさい」ともよく言いました。

そのほかにも、ピッチャーには、高校野球では教えていなかったツーシームやチェンジアップを教えました。もちろん、その球種の効果もありますが、「こんな球は見たこともないだろうから、対応できないだろう」という優越感が自信になります。バッティングに関しては、当たったら飛ぶというバッティングを教え込みました。

また、初期のころのウエイトトレーニングには理屈も何もなく、とにかく体が大きく見えれば相手を威圧できるはずだ、と考え、体を鍛えて大きくするようにトレーニングしました。

今考えると、とにかく勝ちたい一心で、やれることは何でもかんでもやりました。

チームのわだかまりは必ず解消させる

大勢の部員をうまくまとめて運営していくのは、とても難しいものです。高校生ですから、当然いざこざや衝突はあります。

KEIO BASEBALL　Baseball Language

Let's use these expressions in the games.

(1) 守備で味方がよいプレーをしたとき
Nice play / Good play / Good job / Great job /
That a kid!（ザラキッド）/ That a baby!（ザラベイビー）/
At a boy!（アラボーイ）/ At a baby（アラベイビー）/
Way to go, Shige!（ウェイトゥゴーシゲ）

(2) 攻撃でいいバッティングをしたとき
Laser! / Bomber! / Great job / Nice hack（ナイスハック）/ Nice rip（ナイスリップ）/ Amazing（アメイジング）

(3) バントなど目立たないが大きいプレーをしたとき（走塁・守備・声）
Great job / Good job / At a boy (baby) / That a kid /
Nasty（ナスティ）

(4) 我慢する状況
Patience / Endless / Ball by ball

(5) 勝負どころ
This is a Game. / Game!

(6) 点が入らないけど守備で粘り強く頑張ろうぜ
Let's D'-up!（ディーアップ）/ D'-up, guys!

(7) さあこの回盛り上がって点を取ろうぜ
Pick him up, guys.（ピッキムアップ，ガイズ）/ Rally（ラリー）

(8) いいピッチング
Good shot! / Shoot! / At a boy / At a baby /
Boy / Baby / That a kid / Nasty

(9) びびってんじゃねえぞ
Get ahead!（ゲラヘッド）/ Aggressive!

私が部員に対してよく言うのは、「これだけ多くの人間がいるのだから、中には面白くないと思うやつもいるだろうし、みんなが仲がいいはずはないと思う。だれかがだれかに無理に合わせる必要はない。基本的に一匹狼でいてほしい」ということです。仲のいいやつ、気の合うやつだけで群れるな。自分の実力が認められない者同士が集まって愚痴を言っていても何の発展もないよ、と。

サラリーマンでも教員でも、焼き鳥屋で上司の悪口や愚痴を言うことほど楽しいものはありません。アメリカでは、不満を言って、それに賛同し、お互いを弁護し合うような選手のことを「クラブハウスの弁護士」といいます。このような選手には進歩は望めません。言いたいことがあれば、堂々と主張してほしいのです。

グラウンドの中でも、思ったことをどんどんぶつけていかないと、信頼関係が揺らぐことになり、プレーにも影響することがあります。少しでもチーム内にわだかまりがあると、すべてがちぐはぐになってしまうものです。

毎年レギュラーの中でも、練習中に怒鳴り合いのケンカが起こります。

「テメェ、××じゃねえか！」「ウルセェ、お前が××なんだよ！」「コノヤロー、ふざけんなよ！」(後略)。ポジションのとり方がうまくいかなかったことが原因だったり、声をかけなかったことが原因だったり、真剣にプレーしていたからこそのケンカです。
また、キャプテンが突然やってきて「モヤモヤしていることがあるので、今日は練習を中止にして部員だけでミーティングをやらせてください」と言ってくることが年に数回あります。「今日はこの練習をしよう」と思って用意していたことはすべてご破算です。次の日にミーティングのことを聞いてみると、四時間もやったとのこと。しかし、部員の晴れ晴れとした表情と動きを見せられると、やはりやらせてよかった、といつも思います。

グラウンド内外で野球を通じて付き合っている私と部員たち、そしてコーチ。私はカリスマでも聖人でもありません。ただの野球好きの先輩（彼らにとって）です。本音で付き合っていないと必ずボロが出ます。

どんなやつがいてもいい。好き嫌いがあってもいい。だけど、野球は上手くなりたい。試合では勝ちたい。その点だけではみんながつながっていこう。そう話しています。

常に、どうしたらベストか考えろ

私はよく部員に向けて、「大所帯の野球部の一員として、部員みんなが気持ちよく過ごせて、集団自体が発展していくためには、各自が何をするべきか、よく考えてほしい」と話します。

会社にたとえれば、下級生部員は平社員です。上級生は中間管理職。私たち指導者は経営者です。上司のやり方に不満があるとき、愚痴ばかり言っていても何も変わりません。自分がもし管理職や経営者だったら、どうやればこの会社が発展するか。他人の立場に立って物事を考えられるようになってほしい。いつも選手にはこう話しています。

下級生であっても、自分の判断力をいつも培って、実行してもらいたいと思います。たとえば、自分がアルバイトでスーパーのレジを担当しているとします。お客さんが買ったばかりのワインを出口で落として割ってしまいました。そのとき、アルバイトであったとしても、新品のワインをその人のところに持っていき、「怪我しませんでしたか」と言って渡してあげれば、そのお客さんは何回もそのスーパーにやってくると思います。そんな自分なりの判断をしてもらいたいものです。

自分で考えること。さらには他人の立場で物事を考えられること。知恵、アイデアを出せること。そして自分の意見をきちんと言えること。これらのことができるようになってほしいといつも思っています。

うちの部では、「上級生だから」「下級生だから」ということはなく、さらには監督やコーチに対しても言いたいことは言うという環境をつくっていますし、選手たちもそれを実践してくれています。教え込んだり強制ばかりしていては知恵のある人間は育たない、と思います。

最後は全員ハイタッチ

指導者・コーチと部員たちは、真剣に、熱くぶつかり合いながら練習に打ち込んでいます。しかし、熱くなりすぎると、その関係がギクシャクすることもあり、私も言葉を荒げることもあれば、胸ぐらをつかんでやりたくなるときもあります。

一方、部員たちにしても、何らかの理由で気持ちよく練習できないことがあります。凡ミスを繰り返して、怒鳴られて落ち込むこともあるでしょうし、伸び悩んで気分が乗らないときもある。

わがチームでは、練習中にグラウンドでどんなに怒鳴り合ったりコーチに叱り飛ばされたりしても、練習の最後には必ず部員全員が列をつくって、ハイタッチをして練習を終えるようにしています。私は恥ずかしくて加わりませんけれど。

練習中は暗く重い雰囲気であっても、最後はそれを払拭して終わらせる。そして帰路につかせる。練習中に嫌なことがあっても、最後は明るい雰囲気をつくり、「また明日、がんばって練習しよう」「明日も一番にグラウンドに来たい」と思わせて一日を締めたいのです。それは指導者にとって絶対必要なことだと思っていますし、わがのチームのポリシーでもあるのです。

大学生コーチについて

私たちの補佐役として毎日の練習に参加してくれているのがＯＢの大学生コーチの諸君です。彼らがいなければこの野球部は成り立ちません。練習メニューは私が決め、個々の指導は担当のコーチに任せています。このコーチたちが実際に一年生や二年生の選手たちに基礎的な練習を行い、技術なども教えてくれているのです。

この大学生コーチは慶應義塾高校のすべての体育会系クラブの伝統になっています。

私が赴任した当時も数人の大学生コーチがいましたが、その数も増えて、今では約一〇人ほどのコーチが毎日の練習に参加してくれています。

毎日の練習では私が部員一人ひとりを相手にすることはできません。ですから、大学生コーチたちには自分が教える部員たち全員に、一日一度は必ず声をかけてくれるようにお願いしています。

また、部員たちにとっては、私には直接言いづらいことでも、兄貴分のコーチには話がしやすいもの。そういった意味でも、コーチはチームをうまく運営していくうえで欠かせない存在となっています。

彼らのほとんどは、将来高校野球の指導者になりたいと思ってやっているわけではありません。あえて言えば、野球が好きなのでしょう。そうでなければボランティアで四年間もがんばれるはずがありません。

大学生コーチは一年生から四年生までいますが、面白いことに高校時代、レギュラーではなかった人が多く、ベンチにも入れなかったというコーチもいます。彼らは高校時代、下級生の面倒を見ているうちに、だんだんに教えることの楽しさみたいなものに目覚め、それで大学に入ってからコーチとして戻ってきてくれているのでしょう。そして、何よりも塾高野球部を誇りに思ってくれているのだと信じています。

そんなコーチたちは、これは、という三年生がいると、何気なく「お前、卒業したらコーチになれよ」と誘うそうです。最初は全員「冗談じゃありません」と断るそうですが、大学に入って数か月もするとコーチとして戻ってきてくれることが多いのです。最初、テニスサークルなどに入っても、この厳しい世界が忘れられないそうです。本当にありがたいことです。

大学生コーチ諸君には、「野球に対して部員たちの三倍情熱を持って取り組んでほしい」とだけお願いしていますが、四年間それを続けて最後までがんばってくれている彼らを見ていると、本当に頭が下がります。

ホームページも部室の一つ

うちのチームには、私たち自身が管理・運営する公式ホームページがあります。これは、インターネットやパソコンに詳しい大学生コーチが中心となってつくってくれたものです（http://www.hs.keio.ac.jp/clubs/baseball/）。

このサイトには、選手紹介、だれもが参加できる掲示板のほか、私の日々の雑感を綴る「M's Talk」というページもあります。このM's Talkは、日ごろ思ったり感じたりしても、部員個々になかなか言う機会がなかったりすることを、私自身の言葉で発言する場として活用しています。そのほか「受験生の皆様へ」という、塾高で野球がしたい

（M's Talk より）

200X/XX/XX　第一クール終了
３班練習の第一クールが終了した。予想以上に皆うまくなっているのは正直驚いた。特に打撃の飛距離と鋭さにはびっくりした。冬の間にバットを振り込み、走りまくり、ウエイト場でシャフトやダンベルと格闘してきた成果がでている。守備も進歩が著しい。あとはメンタルな面をどれだけ意識できるかだ。自分の冬にやったことを正直に出そう。前に出て正面で捕る。思い切って打球の方向に一直線に入る。捕ってもそれで終わりでない。あれだけ基本をやってきたではないか。それを忘れて慎重に安全にうまくやろうと考えると小さなプレーばかりになる。自分を信じて大胆に。僕はプレッシャーをかけるよ。

200X/XX/XX　連敗。連勝
久しぶりのオープン戦。（中略）この日だけで約 60 人がゲームに出た。これが正しいかどうか分からないが、グラウンドに立ってプレーすることで毎日の練習への張りが出てくるものだ。皆が一生懸命に練習すればレギュラーもやらざるを得ない。この時期は地味な単調な練習が延々と続く。全体の練習の勢いは必ず必要で、みんなが必死に練習することがアマチュアでは向上に繋がると信じている。秋の試合は結果も大事だがそこからの反省を土台にした、その後が大事になっている。秋季練習がんばれ！そして試合で結果を出せ！練習だけの奴はだめだ。

中学生の皆さんへあてたページもあります。部訓などもこのホームページで見られます。じつは問題がないわけではありません。もともと掲示板は、ＯＢ同士の連絡や、部員の保護者のみなさんが、何か意見や疑問があるときなどに活用してもらえればいいな、と思って始めたものです。ところが、そこへ匿名で、私への中傷だけではなくチーム全体に対しての誹謗・中傷などが書き込まれることがあるのです。最初は「もう掲示板はやめよう」という意見もありました。しかし、私としては、こんなことが原因でせっかくの掲示板をやめるのが嫌でしたし、自分自身もそういったコメントをバネにがんばろうという気持ちでいますので、今のところ掲示板を閉じるつもりはありません。

掲示板にはそれ以上に全国から温かい応援の声をいただいており、部員ともども楽しみに読ませていただいています。ぜひ多くの方に見ていただきたいものです。

チーム全体で一つの「作品」をつくろう

塾高野球部のモットーは、「エンジョイ・ベースボール」。とにかく野球を面白くやりたいといつも考えています。

ところで、野球って面白いな、と思うのはどういうときなのでしょうか。

それは試合に勝つこと。それに尽きます。

「試合では、幸福の最大公約数を得よう」と部員によく言います。たとえば、四番バッターが満塁ホームランを打ったにもかかわらず、試合には負けたとします。そうすると、チームの中で幸福を得られるのは、ただ一人、四番の選手だけです。彼は次の日の新聞を見て、「満塁ホームラン届かず」なんていう記事を見て、ニヤッとするかもしれません。しかし、それ以外の選手は負けたわけですから幸福ではない。みんなが喜ぶためには、つまり部員全員が幸福の最大公約数を得るためには、やはり試合に勝つことが一番なのです。

試合で勝てるかどうかは、個々の部員たちがどういったアクションを起こし、それがきちんと機能したかどうか、それに尽きます。レギュラーであれ控えの選手であれ、さらにはベンチにも入れない部員であっても、個々の部員たちが自分のすべきことをきちんと自分で考え、一生懸命努力し、仕事をきちんとこなし、野球を愛して、チームが勝つための役割を全うできたら、必ず勝てるはずです。

「試合に勝つということは、チーム全体で『作品』をつくっているようなもの。だから、そういう意識で試合に挑もう」と部員たちにはよく説明しています。

われわれの目指す野球を「作品」にたとえ、それをみんなで完成させる。完成したということはすなわち試合に勝てたということです。

この「作品」こそが私がこれまで言ってきた「エンジョイ・ベースボール」なのです。こんなふうな意識でやれると、みんなが野球を楽しめるようになると思っています。私の仕事は、高校三年間で彼らにいい思い出をつくってあげることですから、「野球ってほんとに面白い」と思って卒業してもらえたなら、これほどうれしいことはありません。

さらに将来、部員たちに子どもが生まれたとき、その子どもに野球の楽しさを伝えることができます。その子が少し大きくなると、少年野球のチームに入るかもしれません。そのとき、お父さんが元慶應義塾高校の高校球児だったとわかったら、コーチを頼まれるかもしれません。そんなときに野球のことをきちんと教えられる人になってほしい。そんなふうにも思うのです。

第5章 努力するのは当たり前

——毎日の練習

日吉台球場

わが塾高のある慶應義塾の日吉キャンパスは、神奈川県横浜市日吉の小高い山の中にあります。

東急東横線日吉駅前の正門を入り、まっすぐ南北に伸びる銀杏並木を歩いてゆくと、右手に見えてくる真っ白い建物が慶應義塾高等学校です。緑に囲まれた校舎の裏手には、「まむし谷」と呼ばれる斜面が広がっていて、そこには武道場や弓道場など、さまざまな体育会の施設があります。樹木に覆われたトンネルのような階段を下ってゆくと、徐々に視界が開け、谷の底に現れるのがテニスコート。このコートの横をすり抜けて東海道新幹線の高架橋をくぐると、まもなくゴルフ部の練習レンジが見えてきます。この練習場横のゆるやかな坂を上ってゆくと右手に現れるのが、わが野球部の練習場「日吉台球場」です。この坂を上りきった頂上には、塾高アメフト部の練習場があります。

球場のダッグアウトには、ベンチ、バットケースやヘルメット置き場などのほかに、アイシングのための製氷機が二か所に備えつけられており、素早く肩、ひじの異状や打撲などに対応できるようになっています。ベンチのコンクリートの壁には、部員みんなに心がけてほしい標語が随時張り出されていますが、これは私がその時期に必要だと思うことを書いて張り出したものです（選手が読んでくれているかどうかはわかりませんが……）。

日吉台球場の入り口には、部室と更衣室があり、坂に沿ってウエイトトレーニング専用の練習室があります。また、ネット裏には練習や試合が見られるように、簡単な観客席も設置されています。

この日吉台球場がわれわれのホームです。

メジャー、プロスペクト、ルーキー

さて、毎年五月ごろになると、夏の甲子園大会の県予選のベンチ入り候補選手をまず約三〇名ほどに絞り込みます。この選手たちを〝メジャー〟と呼んでいます。一年生も数人選ばれることがあります。その下にあるのが〝プロスペクト〟という二年生を主体にした集団です。そして、一年生主体の集団が〝ルーキー〟。この三つの班それぞれにコーチがついて、練習や練習試合をしています。

昔は〝一軍〟〝二軍〟〝A〟〝B〟などと呼んでいたのですが、何となく「オレたち二軍だから……」なんていう気持ちになってほしくないので、横文字効果を狙いました。

メジャーに入れなかった三年生は、この段階ではまだ引退しません。個々の希望を聞いたうえで、一年生係や二、三年生係、データ班などに振り分け、夏の県予選が終わるまでメジャーに残った三年生と一緒にがんばってもらっています。これらの三年生を〝スタッフ〟と呼んでいます。

五月から県予選が始まる七月の初旬まで、平日はメジャー主体の練習となります。土日はメジャーやプロスペクトにそれぞれ練習試合が組まれます。

一方、ルーキーの一年生たちは、野球の基礎を大学生コーチと三年生スタッフに教えてもらっています。ウエイトトレーニングの方法、サイン、フォーメーション、走塁、栄養学の基礎など、一年生に教えることは山ほどあります。同時に、この時期には三年生たちが最後の夏をどんなふうに野球と取り組んでいるか、身近でじっくりと見るようにと一年生にはアドバイスしています。

メジャーの練習試合では、選手の様子を見ながら起用していきます。調子が悪い選手や怪我をした選手がいる場合は、プロスペクトから代わりの選手を起用することもあります。この時期、夏のメンバーに入ってはいない二年生が、上のチームに混じってゲームに出るとものすごく自信になり、新チームの核になってくれるのです。

練習日と練習時間

わが野球部は、毎週火曜日から金曜日まで日吉台球場で練習、土曜日と日曜日は対外試合、月曜日は休み、というスケジュールで練習しています。なお、一二月から二月までは対外試合は行わないので、土日は球場で練習したり、ウエイトトレーニング場で筋肉トレーニングを行ったりしています。平日の練習時間は午後三時から七時ごろまでです。うちには夜間照明がないので、日が暮れるとランニングやウエイトトレーニングに精を出します。

毎日長時間練習することは効果的ではないと思っています。守備練習で個人ノックと称して野手たちの力を消耗させ、際限なく数多く捕球することにより技術と精神力を向上させる、という考え方に私はなじめません。また、長時間のランニングをさせたりするのは、ときには必要かもしれませんが、練習をやればやるほど体が細くなってゆくという〝磨耗〟と〝擦り切れ〟状態は避けなければなりません。

もちろんスポーツには不確定要素がたくさんありますから、理不尽な練習も必要なものです。しかし、ハードな練習を毎日休みなく続けることによるマイナス要素もたくさんあることも忘れてはいけません。休養の重要性を指導者はもう一度考える必要があると思います。だから、私は日々の練習はコンパクトなものを心がけていますし、週に一日は練習を休みにしているのです。〝腹八分目〟の練習がその後の自主練習のやる気を引き起こすのです。

年末年始は一二月二五日ごろから一月一〇日ぐらいまで完全なオフ。とはいえ、年明け初めての練習に備えて、各自が自主的に走り込んだり、ジムに通ったりして、日々実力の向上に努めています。

ウォーミングアップ

午後三時。授業が終わると、部員はグラウンドに集合し、ウォーミングアップを始めます。

わがチームでは各自がばらばらに約二〇分かけてウォーミングアップをすることになっています。選手の故障箇所やその日のコンディションなどは、それぞれで異なるはずです。だから、そのとき自分に必要な準備運動を各自で判断して行い、自分の体を最高の状態に整えることにしています。たとえば腰痛を抱える選手は、練習前に腰痛を和

らげる体操や、腰に負担をかけないためのストレッチなどを行うのです。新入生にも約一年間かけていろいろなストレッチや故障の対応法を教え、春には自分なりのウォーミングアップのスタイルが確立します。

ただ、必ず全員これだけはやっておくこと、という約束事が三つあります。

それは、①関節の柔軟性を高めておくこと、②筋肉の温度を上げておくこと、③最大スピードを得ておくこと、この三つです。これをやっておかないと、いきなり打球を追って全速力で走ったりすると、筋肉や腱を傷つけてしまうことがあるからです。

「自分の体は自分で管理する」というのがチームのきまりです。だから、練習や試合中の怪我は、ウォーミングアップが適切でなかったことが原因なら、それは個人の責任です。

ウォーミングアップのあと、キャッチボールをすると、だいたい四時ぐらいになります。ここで全員集合し、その日の練習メニューを発表・解説します。まず、私がホワイトボードにその日の練習メニューを書き込むことから始まります。初めてやる練習や、最近あまりやってこなかった練習を行うときは、なぜその練習が必要なのか、どこがポイントとなるのか、などを説明します。

そして、本格的な練習が始まります。

練習内容はさまざま

練習の内容は、時期によって異なりますし、その年のチーム力にも左右されます。打撃力が弱いチームだったら、バッティングを増やしますし、バッティングがいいチームなら守備の練習を増やします。

とはいえ、私の飽きっぽい性格が禍いしているのか、練習メニューは毎日めまぐるしく変わります。練習計画には練習時間と同じぐらい立案に時間をかけます。選手が「オッ」と思うような計画を立てることができたら練習は成功です。

私の自論ですが、同じ練習を続けていると、そこに必ず慣れが生じて、選手の創造性が育たなくなると思うのです。また、慣れによる事故も大変心配しているところです。

練習のあくまで一例を挙げてみます。公式戦の前などは、レギュラー候補三〇人ぐらいを中心に練習するのですが、残りの約四〇名を二つに分け、半分はウエイトトレーニング、残りにはレギュラーの行うバッティング練習の守備をさせたりします。守備をしている選手は半分ずつの交代で、グラウンドの端のほうでティーバッティングをしたりします。

そのあと、走者一塁三塁のパターン練習をするときなどは、レギュラーは打ったり守ったりして、それ以外の選手はランナーをやったりしながら全員で練習します。

最後に、レギュラーが端のほうでバントの練習をしている間、残りの全員でノックをすることもあります。ピッチャーは別で、その間ランニングをしたりしています。

メジャーや一年生が別々のメニューで練習することもありますが、全員が参加する一つの練習を行うことによって、チーム全体に一体感を持たせることも大事です。一〇〇名の部員が一つのボールに集中し、指示を出す。これもまたミスの許されない緊張感のある練習です。

このように、一年生といえども一人として無為にぼうっとしていることがないように、練習方法をいろいろと工夫しています。

練習内容はほぼ一週間単位で考えていますが、必ず一連の練習が始まる前にその目的を選手に説明します。目的を説明しなければ、選手たちは何に意識を集中していいのかわかりません。そうなると練習の効果は半減してしまいます。まず選手に目的意識を持たせたうえで、練習に取り組めるようにしています。

理不尽な練習もある

スポーツの世界には理不尽なことはつきものです。試合の終盤まで好投していたのに突然ストライクが入らなくなったり、平凡なゴロがイレギュラーしてタイムリーヒットになったりということはよくあります。そういったことに負けないだけの精神力をつけるためには、日ごろから練習でキツいこともやらせ、プレッシャーをかけることも必要です。

そんなとき、「黙ってオレの言うとおりにしろ！」とか「今日はたるんでるぞ！」といきなり厳しい練習を課すよりも、なぜこの練習が必要で、どんな意味があるのかを分からせてからやるほうが効果は大きいですし、選手たちも納得して取り組みます。最初に説明できない場合は、練習後や数日後に説明してやればいいことだと思っています。

声を出すのは必要なときだけ

入部したばかりの一年生がキャッチボールをすると、たいてい相手に向かって大きな声を出しながらボールを投げます。私は「そんなの意味がないからやめろ。疲れるだけだ」と彼らに言います。

ボールを受けたときに「いいボールだ」とか「スライダー回転だぞ」と声をかけるのはいいことですし、必要なことです。しかし、キャッチボールをしているときに声を出してもあまり意味がないと考えます。「必要なときは声を出せ。そうじゃないときは声を出す必要はない」と私は選手に言っています。

たとえば、内外野の連係プレーでは、互いに大声を出し合って意思の疎通を図らないと重大なミスにつながります。

にもかかわらず、疲れてキツくなってきたようなとき、だんだんと声が小さくなることもあります。そういったときはわざと「一切声を出すな」と指示することがあります。部員が疲れて全体の雰囲気が淀んでいるときに活を入れるためにそうするのです。一度見ていただきたいものですが、野球の練習でだれもひと言も声を発していない情景は異常なものです。これを三〇分でも経験すると、今度は逆に声を出したくてウズウズしてきます。「どうだ、つらいだろ?」と言って再び声を出すことを許可すると、それからはものすごくいい声が飛び交うようになります。

「強制的な声」「義務的な声」は野球をつまらなくしているような気がします。

効率的な練習

毎日の練習で一番心がけていることは、限られた時間内に合理的に、能率的に、しかも情熱的に練習をすることです。無駄を省き、効果を最大限にする練習を行うには、事前に周到な準備がいります。日々の練習のほかに、一週間、三か月間の練習メニューも同時に考えなければなりません。これをきちんと計画してやらないと、チームは決して強くはなりません。強いチームにするためには練習がすべてだと私は考えます。

われわれには高校生として最優先すべき学業がまずあります。ですから、練習できるのは限られた時間だけです。効果的に練習して上手くならないと、強豪校の優れた選手との差が開いていってしまいます。

この限られた練習時間内で、走・攻・守の練習をどのように時間配分すると最も効率がよいのか。私自身もいろいろ試行錯誤を繰り返してきました。

そんなとき、元慶大監督の前田祐吉さんに「こうしたら効率的」と教えていただいたことがあります。それ以来、このとき教えていただいた時間配分を基本に、練習内容を組み立てています。

攻守の練習時間配分

実際の野球の試合は、守備と攻撃の機会がそれぞれ九回ずつあります。ですから、練習では、守備と攻撃の割合は一対一に分けるのが妥当です。

攻撃の練習には、大きく分けてバッティングと走塁の二つがあります。試合に勝つためのこれらの重要度はバッティング四、走塁一ぐらいです。

一方、守備練習は、ピッチャーの投球練習と内外野の守備練習が基本となります。このおのおのの重要度は、投手力が三、守備力が二ぐらいでしょう。

さて、これをもとに練習時間を考えると、バッティング練習の際にピッチャーは別の場所でピッチング練習ができますから、そのぶん時間が節約できます。そうすると、攻守の練習の時間配分は、バッティングが二で守備が一ぐらい、そして残りの時間を走塁練習などに充てる、というのが合理的な時間配分となります。

つまり、だいたい三時間半ぐらいの中で、バッティングに二時間（これと同時進行でピッチング練習は一時間半）、守備に一時間、残った時間で走塁やバントの練習をする、というのが試合に勝つための効率よい練習時間の使い方ということができます。

うちのチームの打撃時間が多いのは、このような考え方をもとにしています。もちろんこれは、われわれが野球をする環境と目指している野球のスタイルに基づいた考え方であって、ほかにもいろいろなやり方があると思います。

これまでの高校野球では、「守り勝つ」のが常道でしたから、練習も守備に重点が置かれてきました。それに対してわれわれは、〝打って点を取る野球がしたい〟と基本的に考えています。その差がおのずと練習時間や時間配分にも表れます。

合理的で実践的な練習

塾高の守備練習は他校に比べて少ないと思います。というのも、フリーバッティングのときに野手に守らせて守備練習をしているからです。この練習では、実戦同様いつ球が飛んでくるかわかりませんから、緊張しますし、打球に対して意識が集中します。ですから、通常のノックのように、来る、とわかっている守備練習よりも、数段効果的です。時間の節約にもなるし、上手くもなる。個人ノックを一〇〇本受けるよりも、実際に打者が打った打球を一〇本処理するほうが上手くなります。

また、このフリーバッティングではピッチャーはさまざまな変化球を投げます。速さの緩急、さまざまなコース、変化球など、いろいろな球が来ますから、バッターは実戦さながらのバッティング練習ができます。守備を練習するほうからすると、そういう打球の強さや飛ぶ方向、打球の回転などは予測できません。このような生きた打球で守備練習できるわけです。この練習が最も効果のある守備練習だと私は思っています。

オリジナルの練習法が必要なわけ

強くなれるかどうか、いいチームになるかどうかは練習内容がすべてです。強いチームに教えてもらった練習法はさすがにとても効果的ですが、それだけでは強豪には勝てません。やはり自分のチームに合ったオリジナルの練習法、「独創的ないい練習」を工夫する必要があります。私の座右の銘に「奇抜にて玄妙」というのがあります。「奇抜なアイデアではあるが、玄人に好まれる妙案」という意味です。それによって、強豪を超えられると私は考えています。

これだ、という練習法が頭に浮かんでくると、すぐ練習で試します。ところが、「やっぱりダメか」と自分で思うときもしばしばです。そんな中でも、やってみると予想以上

にうまくいく練習もあります。

たとえば、ノーアウト満塁の場面を想定した、自分でとても気に入っているオリジナルの練習方法があります。

まずレギュラー選手を守備にして、控えの中でもバッティングのいい選手を打者に、そして足の速い選手を走者にしてプレーします。そのとき、ヒットを打つと何点、一塁ランナーが三塁に進めば何点といったふうに、得点以外の走塁にも細かく点数を決めておきます。守備側にもゲッツーを取れば何点、一つのアウトで何点、タッチアウトで何点など、いろいろなケースによって点数を与えます。つまり、攻撃側だけでなく、守備側にもプレーによって点数を与えてゲームをするのです。負けた側にはスクワットなどのペナルティを与えます。

一見、どうということのない練習のようですが、選手たちは普段の練習よりも緊張感を持って一生懸命やるのです。負けチームには罰がありますから、それもあってすごい集中力を見せます。ときには奇抜なプレーも飛び出し、笑いも出たりする一方で、イージーミスには厳しい怒鳴り声が方々から飛んでくる。とても白熱した雰囲気の中で練習が続きます。

こんなふうに、本番の試合に近い形式で、いかに部員たちが楽しみながら、かつ緊張感を持って練習できるか。日々の練習ではこれがとても重要です。こんな練習が毎日できれば、チームはどんどん強くなってゆくのだと思います。監督が一人で引っ張るのではなく、口汚く罵ることもなく、選手たちが自分たちから燃えるような練習がベストなのではないでしょうか。

アメリカ野球から取り入れた練習法

また、私がアメリカで見てきた練習で「これは日本でも使える」と感じたものをアレンジした練習法もたくさんあります。

大会前、バッティングの調子が今一つ上がらないときは、ノリのいい音楽をガンガン流して打たせます。バッティングは、自分のリズムが悪いために調子が出ない、ということが多いのです。そこで、アップテンポの曲を流すことで、リズムをとりやすくし、勘を取り戻しやすくしてやるのです。子どもじみているようですが、じつは効果があります。

アメリカで出会った、メジャーでも大活躍したあるバッティングコーチが、「オレの仕事は、バッティング練習のときに、彼らがスイングしている後ろでリズムに合わせて手を叩くことだ」と笑いながら言っていたのを思い出します。

スカッとする大きな当たりを打ててこそ、野球の楽しみは感じられるものです。だから、そのための打撃フォームを固めて長打力をつけるための、アメリカで学んだ練習法も行っています。

まず、三メートルの青竹での素振り。三メートルの青竹を、いいスイング面をつくりながら無理なく素早くスイングするには、どうすればいいか。これを意識してスイングしていると、自然にバットを担ぐ形になり、コンパクトでシャープなフォームが身につきます。これは、ヤンキースの3Aでやっていた練習法です。

また逆に、普通のバットよりも三〇センチほど短いバットでティーバッティングする練習もしています。短いバットでは、フォロースルーを大きくしないと球はうまく飛びません。この短いバットを使うことによって、アメリカでいう「ステイ・ロング」、つまりフォロースルーの大きいスイングで長打を打てる打法が身につくのです。

新入生が四月に入ってくると、「中学時代は君は八番打者で、〝もっと短くバットを持ってミートしろ〟と言われていたかもしれない。また〝バントをしっかりやれ〟と言われていたかもしれない。しかし、このチームでは大きいのが打てない限りは試合には使わない」と私は断言します。したがって、どの選手も必死でウエイトトレーニングをやり、バットを長く持って振り回します。高校野球では慶應義塾は変なチームなのかもしれません。

一方、守備では、高校生ではタブーとされているジャンピングスローを積極的に練習させています。もともと肩の強い選手は別ですが、体から遠いゆるいゴロを取って送球する場合、普通の高校生なら、止まってしっかりと地面に足をつけて送球するより、捕球したときの体の流れに沿って投げたほうが楽に投げられるのです。

二〇〇四年の関東大会で、三遊間の深いゴロをショートがジャンピングスローしてアウトにしたことがあります。大変うれしいプレーでした。そのとき観客席から上がったどよめきは忘れられません。

そのほか守備練習では、カット&リレーという練習があります。これは、外野に打球が飛んだときに内外野がどのように連係プレーを行うかを、打球の方向別にシミュレーションするものです。これはＵＣＬＡでやっていたのを見て、取り入れました。全部で二四種類のフォーメーションがあり、プレーヤーたちがどんなポジションをとらねばならないか、徹底的に覚え込ませます。

実際の練習では、私がボールをノックして行うこともありますが、初心者に対しては、ボールを使わないで行うこともあります。「カーン」と声を出して、ボールが飛んだことにします。そして、内外野の選手たちはいるべき位置に素早く動いて、連係プレーの練習を行います。選手たちは、取ったつもり、投げたつもりでやります。自分がどこにいるかが重要なので、ボールを使うことはそれほど重要ではないのです。

野球は学問——座学の重要性

わが野球部では野球の戦術や技術のメカニズムを学ぶ「座学」を多く取り入れ、少しでもグラウンドでの練習効率を高める努力をしています。

野球に限らず、どんなスポーツでも、上手になるためにはそのメカニズムを理解していなければなりません。メカニズムを理解して実際に再現する努力を重ねてこそ、理想のプレーが生まれます。優れた資質だけで野球ができてしまう選手ならば、理解など必要ないのかもしれません。そうでないならば、頭をフルに使って自分の力を最大限に活用する必要があります。私は常々部員たちに「野球は学問と同じだ」「頭を人の一〇倍使わなければ勝てない」と言っています。野球という素晴らしいスポーツを真摯に学びたいものです。

シーズン中は一年生に対して講義することがやはり多く、サインや基本的な技術などを教えます。また、ほかの選手が練習している間に、バッテリーだけを教室に集めて、試合中のさまざまな場面でどのような配球を行うかという講習会も開きます。そのほかにも、ポジション別の講習会などもあります。わが野球部では毎年一二月の末に千葉で冬の合宿を実施していますが、その間は栄養学の講義やウエイトトレーニングの講習会などを行います。

さらに、技術的な面だけでなく、メンタル面でのトレーニングも座学で行っています。ピンチのときに平常心を保つのに訓練が必要であることは言うまでもありません。このメンタルトレーニングには、私がアメリカでスポーツ心理学を学んでいるときに出会ったケン・ラビザの方法を取り入れています。ケン・ラビザはアメリカの野球選手では知らない人はいないほどのスポーツ心理学の権威です。

実際には私が講師役になって、参考書を手元に一、二年生を対象に行います。「どうして自分は野球をしているのか」「自分はどういうときに緊張するのか」といったことを紙に書かせて、自分の心の状態を見つめさせ、どのようにコントロールしてゆくべきなのかをトレーニングしてゆきます。このトレーニングを行うことによって、実戦でも自信を持ってプレーできるようになるのです。

野球が上手くて試合に出ているからメンタルが強くなっていくのか。メンタルが強いから野球が上手くなり、試合に出られるのか。私は後者をとります。まずメンタルありき、です。

手づくりの教科書＝マニュアル

さらに、個人レベルでの効率を高めるために欠かせないのが、手づくりの「マニュアル」です。

昔から基本的な技術を解説したマニュアルをつくるのが私は好きで、今ではトレーニング、バッティング、ピッチングはもちろん、サプリメントのマニュアル、メンタルトレーニングのマニュアル、新人用マニュアル、カットプレーマニュアル、キャッチャーのための配球マニュアル、腰痛などの故障者向けの準備体操のマニュアルまで、多数のマニュアルがわが部にあります。アメリカで野球の指導法を学んでから本腰を入れてつくるようになりました。

マニュアルのいいところは、いつでも自分が気になったときに参照できるところです。また、繰り返し熟読することによって、理解・記憶の度合いを高めることができます。野球を科学的に理解しておけば、行き詰まったときにも、どこが悪いのか、うまくいかない原因を自分で突き止めることができ、どう改善すればいいのかがわかります。

また、普段の練習では、いわゆるレギュラーばかりが上手くなり、それ以外の選手の技術はさほど高まりません。でも、マニュアルをつくっておくと、レギュラー以外の選手もこれを見て技術力をアップすることができます。そして、このマニュアルが機能すると、チーム全体の実力アップにつながるのです。将来、選手たちが少年野球の指導者となったときにもきっと役立つと思います。

現在、われわれのマニュアルには一五種類あります（全部を選手に配っているわけではありません）。たとえば、ピッチャーのマニュアルには変化球の握り方などが図で示してあったり、投手としての心構え、そしてランナーを背負ったときの投球方法などが、論理的にわかりやすく書かれています。内外野の連係の教本である「カット&リレー・マニュアル」には、たとえばツーアウト一、二塁でライト方向にシングルヒットが出た場合、野手はどのような動きで球を回すのかなどが図解されています。

「大学生コーチがいると、監督と大学生コーチの指導がバラバラになって、選手たちが戸惑うことはありませんか？」と質問されることがありますが、このマニュアルが指導の基礎・基本となっているので、大学生コーチであれわれわれ指導者であれ、教えることにブレはありません。もちろん、コーチが勝手に自分の理論を教えることは遠慮してもらっています。コーチの異論や新しいアイデアは監督に提案して、そのあとに教える、というプロセスを踏みます。

「最高の技術指導をしよう」と工夫を重ねてできたのが、これらの各種マニュアルです。最初は手書きだったマニュアルも、今やパソコンでつくられ、内容もかなり高度になってきました。マニュアルは手づくりですから、ここはちょっと違うな、とか、こうしたほうがいいな、という部分も出てきます。そんなときはすぐに修正をして部員たちに配布しています。

一〇年以上前のことですが、配付したマニュアルと異なるものを持っている部員がいました。表紙が違うので、なんだそれは、と聞いてみると、「先生のあれ、わかりにくいので……」と、他の部員たちと一緒にマニュアルの記述を自分たちで改良して使っていたというのです。マニュアルを直すということは、技術や戦法などを深く勉強して理解していなければできることではありません。内容が気になってゾッとしましたが、自分たちで考えて工夫するのは大歓迎です。

練習試合は勝ち負けより課題重視

真冬以外、土曜日と日曜日はほとんど練習試合です。練習試合でも必ず勝ちにいくという指導者もいますが、私はあまり勝ち負けは重視していません。二〇〇五年のセンバツ甲子園前に行った練習試合では一勝六敗というさんざんな成績。「こんな成績で甲子園で勝てるの?」と周囲から心配そうに言われましたが、私はまったく気にしていませんでした。その代わり練習試合では選手たちおのおのに課題やテーマを設定し、選手に目的意識を持たせてプレーさせるようにしています。そして、テーマにどのように取り組んでいるか、課題をこなせているか、という点を重視します。

たとえば、ランナーが出たら必ずヒットエンドランを狙う。チャンス時には必ずバントする。バントは全部ツーストライクを取られてからやる。ピッチャーには、ランナーが出ていなくても全部クイックモーションで投げさせる。球種を制限する。こういったことを試合ごとに決めて、集中的に行ってみるのです。

試合をしてみると、変化球が打てない選手、打球がぜんぜん飛ばない選手、強いゴロに弱い選手……と、個々の選手の欠点が如実に現れます。

練習で、「お前の弱点はこれ」とこちらが指摘して直してゆくよりも、試合をして、自分で自分の弱点を痛感したほうが、それを克服しようという意気込みは強くなるものです。選手たちにしてみれば、試合でうまくプレーできなかったことや、ミスをしたことほど悔しいものはありません。

試合中にちょっと変わったゲームをすることもあります。「一イニング勝負」といって、各イニングだけで勝敗をカウントすることにし、九回までで何勝何敗になるかを競うゲームです。たとえば、五対三で試合には勝ったとしても、こちらは一回に五点取っただけで、相手は二回に二点、五回に一点取っていたとしたら、回ごとの勝敗を競った場合、一勝二敗で負け。そんなふうに考えて試合を行うのです。八回くらいになると、「このままうちが負け越したら、試合後、罰ゲームでランニングだぞ」と檄を飛ばしたりします。

また、試合展開はどうであれ、六回終了時に選手を集めて次のように言うこともあります。「今、うちが三点負けている状況とする。あと三回でそれを挽回することにする。そのつもりでプレーしろ」。逆転できないときは、罰が待っています。選手もまた気分を入れ替えて勝負に取り組むようになります。

さらに、これはよほど仲のいい監督さんの場合ですが、「五アウトでやらない?」と提案することもあります。向こうもさすがに苦笑します。これで試合をすると、ゲッツーを取る機会が増えるので、守備の練習にもなります。また、バントも多用できます。お互いに、嫌な状況でどんなプレーをするかを試す機会が増えるので、とてもいい練習になるのです。

あくまで練習試合。そこでの勝敗と本番はまったく異なると私は考えます。ですから私は「本番至上主義」「勝利至上主義」を練習試合にあまり持ち込みません。もちろん選手は勝ち負けにこだわってはいると思いますが。

モチベーションを維持するには

練習試合では、レギュラーが三人いたら二人しかプレーさせず、残り一つのポジションは、まだレギュラーではないけれど調子のいい部員を出してみることもあります。試合に出る機会のなかった選手たちに、実際に試合で活躍できるかどうかチャンスを与えるという意味もありますし、選手間の闘争心をあおるという意味ももちろんあります。

控えのピッチャーに投げさせることができるのも練習試合ならではです。カンカン打たれますが、その場合は守備の練習になります。

チーム全体のモチベーションを高く維持するのはとても難しいものです。伸び悩んだり、努力しても評価されないなどの不満から、練習に力が入らず、腐った感じになっている部員が数人でもいたら、チーム全体がそっちの方向に引きずられてしまいます。

そこで、調子が上がってきていたり上手になった部員をベンチに入れて、試合に出してみます。また、今まで試合に出たことがなかった部員を、実力的には少々劣っていても、本人のやる気やマイナーでの活躍を評価して、メジャーの試合にひょこっと出してみることももちろんあります。それで、たまたまヒットを打ったり、いい守備をしたりすると、その本人よりも、周りの控えの部員たちのほうが盛り上がったりします。

メジャーでなくても、必死に努力したり、がんばって上手くなったり活躍したりすれば、必ず先輩やコーチが見てくれていて評価してくれるのです。このようなことがあると、部員たち一人ひとりが、オレにもチャンスがある、がんばろう、と今まで以上に真面目に練習に取り組むようになります。

控えの選手たちが懸命に練習に打ち込むと、レギュラークラスの選手たちも負けないように努力します。そうなるとチームの雰囲気はとてもよくなるのです。

監督である私の目の配り方は、レギュラーとそれ以外の部員では、当然差があります。しかし、それを仕方のないことだと思っていては、監督失格ではないでしょうか。監督としてオレはいつもみんなを見ているよ、という姿勢を常に示し、実際にそうする必要があります。

ですから、公式戦のあとに時間が空いたりすると、控えの選手だけで紅白戦をやり、私が主審を務めるとか、大きな公式戦が終わったあとの練習では、控えの選手たちを私が徹底的に指導するとか、そういう時間をつくることが大事だと考えます。

自主練習

〝エンジョイ・ベースボール〟というと、「毎日の練習をエンジョイして、あまりハードにやっていないのでは」と言う人もいます。「早朝野球」と同じ発想だな、と言われたこともありました。ところが、エンジョイ、というのは〝楽〟という意味ではありません。勝つための厳しい練習を楽しみながらする、ということなのです。

前にも述べましたが、われわれの日々の練習では、選手の体力をすべて使いきるようなことはしていません。だいたい二割くらいの体力を残して終わるようにしています。その理由は、全体練習のほかに、自分で練習してほしいからです。自分の足りないところやもっと伸ばしたいところを自分で考えて、自分で補ってほしいのです。

全体練習は七時ごろに終わりますが、八時三〇分まで学校に残って練習する選手もいれば、家に帰って素振りをする選手もいます。疲れがたまっている選手は、そのまま帰って休みを取るようにします。すべて個人個人の判断です。

現在の練習時間は、全体練習の時間で見れば他校に比べて長くはないと思いますが、個々の自主練習の時間を含めると、長いほうに入るかもしれません。朝、グラウンドで練習している部員もいますし、休みの日に練習している部員もいます。

部の練習のほかに、自分で決めた練習やトレーニングを毎日欠かさずやる。これは並外れた自律心がなければできないことです。強制されたわけではない。練習する姿を見られてもいない。怠けたり、力を抜こうと思えばいくらでもできます。チーム練習で疲れていても、そのあと、またバットを振ることができるかどうか。そこに本当の精神力

の強さ・弱さが出るのです。

とてもしんどいことですが、自分で決めた練習をやりきったときの達成感と、自分の力がついたという事実は、選手をとても大きくします。この喜びこそが〝エンジョイ・ベースボール〟の意味なのだと私は思っています。

ある年にはこんな選手がいました。彼はエース・ピッチャーで、毎日の練習を一生懸命こなしていましたが、冬の間は全体練習後も家からさらに遠いジムに通って、ほぼ毎日、夜一一時ぐらいまでウエイトトレーニングをしていました。自分のコンディションについても人一倍気を使っていましたから、体の管理をきちんと行うために、栄養学なども相当に勉強していました。

彼は素質にも恵まれていましたが、それ以上に並外れた努力家でした。でも、チーム内ではそんな姿をことさら見せるでもなく、いつもニコニコしているだけでした。

そのときのレギュラー選手たちは、みんな練習後に毎日欠かさず自主練習に取り組んでいたようです。自宅近くの公園で素振りをしている者もいれば、ウエイトトレーニングに懸命に取り組んでいる者もたくさんいました。

私自身は、慶應ボーイ的なスタイルはとても大事にしたいと思っています。つまり、死ぬ気で練習しているなんてことは絶対、口が裂けても言いたくない。外面的にはカッコよくやりたい。でも、内面はネチネチと粘り強くやりたい。

野球はこんなふうにカッコよくやろうぜ、といつも私は思っています。やっていることの本質は根性野球なのです。でも、それを前面に出して、「うちはこれだけ厳しい練習をやっています」なんていうことは見せない。努力するのは当たり前、とさらりと言ってほしいものです。

コーチ・クラシック

夏の甲子園の県予選が終わると、三年生は引退。すぐに秋の県大会に向けて一、二年生の新チームが編成され、気持ちを新たにして練習が始まります。

わがチームでは、例年八月の上旬は遠征に出るのが恒例になっています。

この遠征では、八月下旬から始まる秋の県大会のレギュラーメンバーを決めるために、実戦で部員個々の実力を見ることに主眼を置いています。

秋の大会は、翌春の甲子園の出場権がかかった重要な戦いです。神奈川県には二〇〇前後のチームがありますので、八月の下旬から地区予選が始まります。この秋の大会が終わると、翌春のセンバツ大会か春の大会の県予選まで公式戦はありません。

秋の大会が終わりに近づくころ、後期の中間試験があり、それが終わると文化祭です。この文化祭の期間中に、野球部では「コーチ・クラシック」と名づけた野球部内での対抗戦を開催します。

これは、大学生コーチたちを監督として、部員全員を四つのチームに分け、互いにリーグ戦を行う催しです。各チームのメンバーは、コーチたちが一人ずつ順番にお気に入りの選手を指名して選んでゆきます。総当たり二回戦制で、全部で一二試合が行われます。

コーチ・クラシックの目的は三つあります。(一)普段なかなか試合に出られない選手の力を見る、(二)冬のトレーニングに入る前に、少しでも野球に対して意欲やよい感覚を持たせ、その感覚を持って冬の厳しいトレーニングに参加できるようにする、(三)大人数のチームなので、小人数に分割することで、選手個々にリーダーシップを発揮してもらう。特に翌年のキャプテンを見つける。

とはいえ、普段一緒に練習している選手同士で試合を通してしのぎを削り、楽しむことも、もちろんこのコーチ・クラシックの目的の一つとなっています。大変盛り上がる部内の行事なのです。

全試合を通じて全選手の数字を記録しておき、打つほうでは首位打者をはじめとして打点王、最高塁打賞を、守るほうでは防御率賞、守備率賞、補殺賞などといった賞を用意し、選手にはバッティンググローブやシューズなどの賞品を出すようにしています。

コーチ・クラシックの間、私は試合をただ見ているだけです。といっても、厳しく選手を見ています。保護者の方々も結構試合を見に来てくださいます。

冬季トレーニング

コーチ・クラシックが終わると、通常の練習が再開されます。

一一月中旬から二月までの厳冬期は、じっくりと基礎体力をつける時期です。この時期の練習をわがチームでは「冬季トレーニング」と名づけています。この冬トレではもっぱら基本練習と各種ウエイトトレーニングを繰り返し行います。

午後三時から、延々と続くドリル、スイング、ランニング。夜八時まで基本練習とトレーニングの繰り返しです。エンジョイ・ベースボールを「楽しむ野球だ」と勘違いしている人は、きっと認識を改めるに違いありません。バッティングでは、部員全員が特注の一三〇〇グラムの木製バットで素振りの繰り返し。このバットはヘッド（先端）のほうに重心を移してあり、体全体を使わないとスイングのスピードが出ないようにできているのです。このバットを使った八〇〇回から一〇〇〇回の素振りは、家に帰ってからも振らないと達成できない回数です。守備の練習では、内野手は左手にスリッパをはめて正確にボールを止め、ステップして何回も投げる。外野手はひたすら基本ドリルをこなしながらボールを追う。投手は陸上部の部員のようにひたすら走り込む……。こんな単調で苦しい練習が毎日続きます。

どれだけ自分に厳しく妥協しないでやれるかが、勝負の分かれ目になります。数えきれないほどのダッシュ、走り込みが、必ずあと一歩の勝利をつかみ取ってくれるのだと、われわれは信じています。この厳しさからは逃げないでもらいたいものです。

この冬トレの練習量と密度の濃さは日本一だと自負しています。塾高の練習は、シーズン中は短いけれども、シーズンオフは異常に長いといわれています。普通のチームとは逆なのです。ここでとことんがんばった部員が春から夏にかけて活躍できる。そんなハードな練習が続きます。

この冬のトレーニング見学をするために、全国から指導者の方々がいらしてくれます。このときは同じ苦労をしている指導者の方々とお話ができ、本当に勉強になります。

冬季トレーニングが終わるのは二月。毎年そのころになると、選手の体が大きくなっていることに気づくのです。

慶應流前腕の筋肉強化法

冬のトレーニングでは、体全体のトレーニングのほかに、塾高独特の筋肉の鍛え方があります。それは、すじ、靭帯などのジョイント部分の強化と小筋肉群の強化、そして神経系を敏感にするトレーニングです。

「われわれは、特別才能があるわけではないのなら、特殊な場所を鍛えていくしかない」と、私は部員たちによくアドバイスしています。特に〝強く大きな当たり〟を打つためには、ひじから指先にかけての小筋肉群を徹底的に鍛えます。

腕から先の筋力や手の握力を鍛えておくと、体全体の筋力があまりなくても、バットを振ったときにバットがしなり、ヘッドの速度が速くなるのです。そのぶん、打球が遠くに飛びます。また、変化球がストライクゾーンからボールへと外れてゆくとき、腕から先の筋力が強ければ、急にスイングを止めることもできます。

もちろん、野球ではボールとバット、グローブの三つの道具を使うので、その道具を自由自在に操るのに、ひじから指先にかけての筋肉を鍛えておくことが非常に効果的であることは言うまでもありません。

そのためのトレーニング方法は、指の一本一本の筋力を鍛える運動や、手のひらや甲の部分の筋力をつけるための運動など、非常に多岐にわたります。「日本で一番、前腕の筋肉を鍛えているチームになろう！」をかけ声に、わがチームでは、これらを冬のトレーニング期間中に徹底的にやるようにしています。

それ以外にも、両膝の上部内側の筋肉だけを鍛えたり、足の甲を鍛えたりするトレーニングがあります。

また、膝の周囲にわざと痛みを感じさせることにより、その部分の神経を増加させて、運動神経を向上させる「華陀体操《かだ》」という独自の神経系のトレーニングも行います。これはなかなか説明しづらいのですが、怪我に強くなり、センスをつくるトレーニングと言っていいでしょう。端から見ているととてもカッコ悪いトレーニングなのですが、冬の間に取り組んで、春からの飛躍を夢見て努力しています。

これらの変わったマニアックな冬のトレーニングは、わがチームの名物になっています。このトレーニングを見ることが、指導者の方々が見学に訪れてくださる目的の一つになっているようです。

年末年始に人間として大きくなる

冬トレは年末年始を境に前期・後期に分けることができます。

一一月中旬から始まった前期は、一二月二〇日に学校が終わったあと、千葉県のエアロビックスセンターという施設で行われるウエイトトレーニングの合宿で終了します。前にも述べたように、この合宿期間中、午前中はいろいろな講師の方々に来ていただき、栄養学やトレーニングの仕方について講義をしていただいています。そして、午後からは水泳や各種マシンを使ってのウエイトトレーニングに取り組みます。

この合宿が終わると、年明けの一月一〇日くらいまでの約二週間、チーム全体の練習は休み。こんなに長く練習を休むチームはあまりないでしょう。相撲取りたちは、朝ハードな練習をして食事をして昼寝しますが、この昼寝が体を大きくします。われわれの休みも、この昼寝と同じものだと考えています。

わがチームで連続してこれだけの期間休めるのは、このときだけです。ですから、部員には、だらだらと過ごすのではなく、野球以外のことに目を向けて、いつもとは違うことをやるようにと話しています。いくら野球が好きであっても、一年三六五日、野球のことばかりでは人間としてつまらない。私はそう思います。家族と普段あまり話ができないのであれば、この時期にいろいろと話をしてみるとか、映画が好きなら映画館に行くとかビデオをまとめて観るとか、とにかく自分がやりたいことをやるように勧めます。

日本のスポーツ、特に武道には〝練習イコール修行〟という理念があり、「三六五日修行に没頭することが上達や道を極めるために必要である」と説いています。しかし、シーズン制をとる欧米のスポーツでは、必ずシーズン・オフを設けて、その間に精神的なリフレッシュをしたり、故障を治したり、本を読んだり、新しいものにチャレンジしたり、また自分の弱点を克服するために一人で黙々とトレーニングに取り組んだりします。

この長期のオフは、人間としての幅を身につけて大人のプレーヤーに脱皮するのに絶対に必要なものであると私は確信しています。

本を読んで、もっといい選手になる

私自身は、この休みの間に本を読むことが多いです。若いころは友だちと会ってワイワイやっているのがうれしかったのですが、歳をとってくると自分の時間がほしくなるようになりました。このオフの読書では、野球以外の本も読めるし、自分がどのような人間なのかを再確認したり反省もできます。自分を見つめ直す絶好の機会だと思っています。

二〇〇五年の休み前には、部員たちにお薦め図書として一二冊の本を紹介しました。そして、初めての試みとして、休み明けに読書感想文を提出することを部員全員に課すことにしました。

高校野球は野球漬けの生活。朝は早いし夜は遅い。休日もない。一日のうち自分の自由になる時間はほとんどありません。しかし、そんな中でも本を読まないと、人間として痩せてしまうと思うのです。こんな中でどのように本が読めるのか？　読書とは最初から最後まで読まなくても読書。読んだところが身になればOKです。そのぐらいの気持ちで始めればよい、と選手には言いました。

スポーツアスリートにとって読書の効用は、思いつくままに挙げると、次のようなものが考えられます。

（1）いろいろな情報を得る。現段階だと指導者から得る場合と実際の経験から得る場合の二か所しかない。ダメな指導者だったり、経験が積めない控えの選手はいつまで経っても大きくなれない。

（2）活字を読むことによって自分の考えをまとめやすくする。コーチや同僚に自分の考えを話すことができるようになる。何を考えているのか、何を言っているのか分からない選手が多すぎる。

（3）人生観を身につける。人生観は選手としての背骨である。若いからもちろんこれから考え方は変わってくる。それでもできるだけ若いうちに「オレはこう考えて生きていく」と考えられる人間のほうが人より一歩先を行っている。

（4）勝負事に対する感性。これは経験からつかみ取るものだと思う。胃液が出て困るような緊張感の中で勝負は決まっていく。そのときの身の処し方は経験からつかみ取る。ならば甲子園に出たような選手だけに勝負勘があるのか？　答えはノーである。想像の世界で厳しい状況をシミュレーションしなければならない。そのために本からいろいろな場面での対処の仕方を学ぶべきだ。スポーツ選手のみならず、戦国武将、サラリーマン、宗教家、経営者、いろいろな人が勝負勘を持っている。先に学んどけというわけだ。

（5）自己再発見。自分は分からない。分かっているようで一番分からないのが自分だ。分かっているような顔をして毎日を送っている人間ほど怖いものはない。自分は将来どうなるんだろう？　いろいろなタイプの人間を知るのも大切。

（6）人間関係。円滑にすることも大切。でも円滑にすることばかり考えている人間は小さくまとまるし、大きなことはできない。

（7）現状打破。既成概念の破壊。

なお、この年のお薦め図書は、以下のものでした。

1　大リーグのメンタルトレーニング（ケン・ラビザ）
2　野村ノート（野村克也）
3　マダックススタイル（レオ・マゾーニー）
4　ベースボール基本の「き」（清水隆一）
5　野球食（海老久美子）

6　野球はなぜ人を夢中にさせるのか（佐山和夫）
7　決断力（羽生善治）
8　なぜあの人は強いのか（桜井章一、中谷彰宏）
9　道は開ける（デール・カーネギー）
10　7つの習慣（スティーブン・R・コヴィー）
11　坂の上の雲（司馬〓太郎）
12　自由と規律（池田潔）

そしてまた春がくる

新年の一月一〇日は福澤諭吉先生の誕生日。この日から後期冬トレが始まります。早朝、湘南海岸に部員全員が集合し、約三時間ひたすら海岸を走ります。走り込みといっても、マラソンのように長い距離を走らせるのではなく、一〇〇メートル走や二〇〇メートル走を何本もやらせるのです。

事前に、「この日の練習で途中で倒れたりすると、一月中の全体練習には参加させない」と言ってあります。ですから、部員たちは二週間の冬休みの間も、自主トレだけはきちんと行っておかなければなりません。親と家族旅行に行っても現地で走っていたという話も聞きます。また元旦から学校に来てバーベルと格闘していた選手もいます。

そして一月の末から二月の初旬にかけて、後期の期末試験が始まります。この期間の練習は休み。部員たちには、とにかく死ぬ気で勉強しろと発破をかけ、私自身も英語教師としてせっせと試験問題づくりや採点に励みます。

試験が終わると、毎年、学校の近くにある日吉神社に部員全員でお参りし、これからのシーズンの必勝祈願をします。このとき、部員たちは約三か月ぶりにユニフォームに袖を通すことになります。じつは冬季トレーニング期はジャージなどで練習し、ユニフォームは一切着ません。野球のユニフォームはウォーミングアップや防寒には極めて不適当なのです。三か月ぶりのユニフォームは大変新鮮。野球人としてユニフォームを着られる喜びを感じる瞬間です。

そして、いよいよ春の大会、さらには夏の大会に向けて始動です。練習試合も解禁になります。塾高の三月といえば春休み中の強化合宿と遠征。普段はあまり顔を合わせることのない遠方の強豪校との力試しが始まります。寒い冬に下へと根を伸ばせたのか、しっかりした芽が出せるのか、そして花を咲かせることができるのか。毎年この時期になるとワクワクしてきます。

こうしてまた、新たな挑戦が始まります。

第6章

胃液の出るような緊張を楽しめ

——試合ではかく戦う

一年間のスケジュール

公式戦のスケジュールというのは意外にタイトで、一年間はあっという間に過ぎていくというのが実感です。

春、新入部員が入ってくるころには、三月の末から始まった春の県大会の地区予選が行われています。この予選を勝ち抜いて、県大会でベスト16まで勝ち進むと、夏の甲子園の県予選でシード権を獲得できます。

この春の大会は、夏の予選の前哨戦という意味合いが強く、どこの学校でもいろいろなことを試しながらレギュラーを徐々に固めていきます。

その後、わが校では五月の終わりに中間試験があります。試験期間は約一週間。その間の練習は休み。塾高では一年を前期・後期に分ける二学期制をとっており、おのおの二回ずつある試験期間中は、全クラブの活動は休止となります。選手にとっては学業が第一です。野球部では、落第点を取った選手にはクラブ活動を自粛させることもあります。

六月の上旬には夏の大会の神奈川県予選の組み合わせが決まり、試合は七月上旬から下旬にかけて行われます。約二〇日間で七〜八回（！）勝てば、神奈川県の代表として夏の甲子園への切符を手に入れることができます。

続く秋の大会は、翌春のセンバツ甲子園の出場権がかかった重要な戦いです。前述のように、神奈川県には約二〇〇のチームがありますので、八月の下旬から地区予選が始まります。夏の大会が終わって早いときは三週間ちょっとで、もう来年のセンバツ甲子園の予選が始まるという、恐ろしい世界です。

この地区予選で二位までに入ると、九月からの県大会に出場。そして、決勝まで勝ち残ると、その二校は神奈川県の代表として、一〇月の終わりから始まる関東大会に出場できるのです。

関東大会は、東京都を除く関東六県と山梨県の代表が集まって行われます。開催県を除く各県から二チームずつが参加して、優勝を目指すのですが、この大会でベスト4に残ると、翌春のセンバツ大会に推薦される可能性がとても高くなります。

ベンチ入りメンバーは会議で決まる

春の大会は新三年生と新二年生が出場しますので、私とコーチたちとでだいたいのメンバーを決めます。

一方、夏の甲子園の地方大会のメンバーは、私、部長、副部長だけでなく、大学生コーチや三年生スタッフも参加する会議によって決めています。時期は大会が始まる数週間前の六月の終わりごろ。この会議で、メジャー三〇人の中からベンチ入りメンバー二〇人を選出します。

会議では、冒頭に私がチームの方針を述べ、ベンチ入りメンバーを一人ひとり発表し、出席しているメンバーの了承を得ていきます。もし異論が出れば、議論を重ねていきます。意見が分かれた場合は、何回も投票を繰り返してメンバーを決定します。もちろん監督もコーチも三年生スタッフも一人一票です。もう一〇年近く、このやり方で夏のベンチ入りメンバーを決めています。

「監督の希望に沿わないメンバーが入ることもあるなんて、やりにくくないのですか?」とか、「もっと監督の意思を前面に出したほうがいいのでは?」と言われたこともありますが、このやり方で不便を感じたことはありません。それどころか、私の考えをみんながよく理解してくれていて、感謝しているくらいです。

三年生や大学生コーチ推薦の選手が大活躍

例年この会議は三時間も四時間も続きます。一つひとつのポジションについて、侃々《かんかん》諤々《がくがく》の議論があるわけです。

三年生スタッフも、仲のいい選手をひいきしたりすることもなく、翌年のチーム編成も考えたうえで投票してくれます。自分が選んだ選手がベンチ入りをすることになりますから、メンバー決定後も彼らは「オレもレギュラーと一緒に、終わるまでがんばろう」という気持ちになってくれるのです。

こういったスタイルをとっていると、他校でたまに聞く、保護者からの圧力もまったくありません。選手はガラス張りの中、会議にかかり、二〇名が選出されます。

毎年、レギュラークラスの選手についてはだいたいすんなりと決まるのですが、最後の一人とか二人については議論が白熱し、投票になることがよくあります。

ある年、練習試合で八割近くの打率を維持していた二年生がいました。そこで、会議当日、コーチや三年生スタッフが「彼はレギュラーでいけます！」と突然言い出したのです。

私はずっとメジャーの試合しか見ていなかったので、「それなら早く言ってくれよ！今さらそんなことを言ってもダメだ」と思わず言い返しました。すると「言おうか言うまいか迷ったのですが、次の試合はどうかなと思っているうちに、好調のままずっときたんです。しかも、守備もすごく上手くなってます」と大勢が太鼓判を押すのです。しかし、私は「それはないだろう」と最初は突っぱねました。

意見は平行線をたどり、最終的に投票ということになりました。もちろんその選手はベンチ入りメンバーに選ばれました。

彼を公式戦で起用するかどうか迷いましたが、一回戦に一番センターに抜擢してみたのです。その選手は大活躍し、これには私もびっくりしました。こんなやり方は高校野球の常道から外れているかもしれませんが、うれしい誤算でした。

別の年には、最後の一人に、これまで一度も公式戦のベンチ入り経験のない三年生の内野手が選出されたこともありました。この選手は二年間、ひたすらコツコツと練習を重ね、そのひたむきな姿が部員や学生コーチに強く印象に残ったのです。まったく打てない選手でしたが、まさに〝守備の人〟でした。

大所帯のチームだからこそ、この会議はやめてはならないと思っています。

最後の夏のスカウティング

この会議の結果、最後になってベンチ入りから外れてしまう三年生がいます。中には号泣して倒れる選手もいます。そういった部員たちを支えてくれるのは大学生コーチたちです。彼らの多くも同じ経験をしているので、そんな三年生の気持ちがよく分かるのです。ベンチ入りできなかった三年生を元気づけようと、大学生が彼ら全員を焼肉店に連れていき、自腹で腹いっぱい焼肉をごちそうするのが塾高野球部の慣例になっています（大学生もそのためにバイトをして貯めたお金を使い果たしているそうです）。

このようにしてベンチ入りメンバーが決まると、ベンチ入りが叶わなかった三年生は心機一転、〝三年生スタッフ〟として夏の大会を戦います。

彼らは、このときから「スカウティング・チーム」となります。スカウティングとは、「相手チームの戦力分析報告」のことで、対戦が予想されるチームのデータを集め、分析するのです。どんなデータがほしいか、集めたデータをどうまとめるかなど、だいたいを私が指示し、あとは彼らの活動に任せます。そして、四人ずつが五班に分かれ、対戦予想校の試合をずっと観戦してレポートを作成するのです。

三年生スタッフは、夏の県予選が始まると、自分たちのチームの試合も見ずに、当たるであろうチームのデータ収集に奔走してくれます。試合をビデオにとる。投手のカウントごとの配球のリストをつくる。打球の飛んだ方向をグラフ化したりもする。いろいろなデータをつくってくれます。ある年の班は、対戦するチームの監督のクセや血液型、星座まで調べて、「A型だから○○です」と思わず笑えるレポートをつくってくれました。別の班では、決勝まで勝ち進むことを前提に、反対側のブロックのチームのレポートまでつくってくれていました。

このようなデータを信用して、レギュラーたちは試合に挑むのです。データ班になった部員たちも、野球をちゃんと知っていなければ正しいデータはとれません。また、試合前に彼らがベンチ入りメンバーを前にして行うプレゼンテーションは、どの授業にも負けていない立派なものです。このデータ班の一生懸命な説明を聞いてレギュラーも、「よし、ここまでやってくれたんだから、オレたちもがんばろう」という気持ちになるのです。

例年三年生は、夏の大会が終わるまで、こんなふうに「チームが試合に勝つ」というモチベーションを持ち続け、たとえベンチに入れなくても一生懸命に裏方に徹してくれる。これがうちの自慢できるところでもあります。こういった姿を、二年生や一年生の下級生たちも見ています。

データの重要性

野球では何が起こるかわかりませんが、すべてがランダムに起こるわけではありません。何事にも必ずなにがしかの傾向があります。試合に勝つには、相手チームの情報を少しでも多く集めて、それに備えることが大前提です。自分たちの力を過信して、相手のことを調べもしないのは、試合に臨む者として失格と考えます。

甲子園に出場したときは、私も相手チームのビデオを全部擦り切れるほど見て、各バッターの特徴を見ました。エースの配球パターンや変化球を投げるときのクセなどもチェックしました。相手投手のランナーを背負ったときの初球の球種や、カウント別の球種なども調べました。

野球というのは不確定要素が多く、なかなか思いどおりにならないスポーツです。〝四番でピッチャー〟というような才能のある選手を九人集めれば必ず勝てるわけではありません。一人ひとりの力が相対的に劣るチームでも、自分たちの戦力一つひとつの特徴を活かしたうえでうまく配し、強い相手のわずかな弱点が見えたなら、そこを突いてゆく。そうすれば勝てる可能性は十分にあると思うのです。

野球は力と力がぶつかり合う、また技能でしのぎ合うスポーツですが、三〇パーセントは頭でするスポーツだと思います。きちんと自分のチームの強みと弱みを把握する。そのうえで、相手チームの戦力を分析する。そして自分たちの強みを活かしながら相手の弱いところを攻撃し、勝負するのです。勝つには絶対にデータという準備が必要だと思います。

野球は何が起こるかわからない

「野球は航海と同じだ」と私は選手によく言っています。

船乗りたちは、海に出て初めて、その日の海が分かるといいます。天気もよく、風もなく、「今日のコンディションは最高だ」と思っていても、急に嵐がくることもあります。逆に、嵐の中を船出して、がんばっているうちに天気が回復することもあります。船乗りたちは海に出て、海のにおいを肌で感じ取り、それに合わせて臨機応変に航海をしていくのです。

野球も同じです。試合中はデータがすべてではありません。試合では、思いもよらないこと、理不尽なことが起こるものです。

普段はインコースがとても苦手でまったく打てなかった選手が、嘘のようにインコースを簡単に打ち返してしまうこともざらにあります。逆に、ピンチのときに相手の平凡な打球がイレギュラーバウンドして点を失ってしまうこともあります。

試合の状況はめまぐるしく変化するものです。データを参考にしながらも、その都度決断をし、ベストだと思える選択肢を選び、一試合一試合を勝ち抜いていく。その日の最良の方法をとるしかないのです。

アメリカでは野球の監督のことを「スキッパー」(skipper 船長)や「スキップ」と呼びますが、じつにうまい言い方だと思います。

緊張と向かい合う

試合前、試合中に緊張するのも、何が起こるかわからないことによる不安からです。この緊張をどのようにコントロールしてゆくかが、われわれの大きな仕事となります。数日前からストレスをゼロレベルに持ってゆき、試合前日や当日はあの手この手でメンタル的にベストの状態に持ってゆきます。

試合の前日から宿泊していて選手全員が一緒にいるときは、起床後、すぐ全員でメンタルトレーニングをします。

試合が朝の九時半ぐらいから始まる場合、早朝六時に全員起床します。そして外に出て、まずは選手たちを二人一組にし、互いの顔を見ながら大きな声で笑わせるようにします。最初は気持ち悪いものですが、そのうち、お互いがお腹の底からゲラゲラ笑うようになります。こうして体全体が少しずつリラックスしてゆきます。

そのあとは、シャドウボクシングをしたり、空から「気」をもらうために瞑想をしたりしながらストレッチを軽く行います。それからみんなで散歩に出発します。そのころにはもう全員がとてもリラックスしていて、全員が大きな声でぺちゃくちゃしゃべりながら楽しく歩きます。

こんなふうに、朝早く起きて軽く体を動かしながら脳を刺激してやると、心身ともにリラックスすることができ、血糖値も上がり、朝食もうまくとれます。そして、自然にやる気が湧き起こってきます。そうなると、その日一日、選手たちは心身ともにいいコンディションを維持できるのです。

逆に、起床後何もしないでいると、選手たちの心には「今日は試合だからがんばらなくては」というプレッシャーがじわじわと重くのしかかってきます。

球場に入ったら

ある高校の監督さんは、必要に応じて、いつでも選手たちの前で泣けるそうです。実力的に絶対不利だと思ったら、「三年間、本当にありがとう。今日の相手は強豪で、この試合がうちのチームの最後の試合になるかもしれないが、僕にいいゲームをプレゼントしてくれ！」と言いながら、一人ひとりと握手しながら泣く。そうなると当然、選手たちも泣く。このように選手全員の気持ちを一つにして、彼らをグラウンドに送り出す。選手がグラウンドに飛び出すと監督さんの目から涙がピタッと止まり、ニヤッとされるそうです。これが功を奏するのか、大事な試合に勝つこともしばしばあるとのこと。

もっとも、これは極端な話かもしれませんが、選手たちの気持ちをリラックスさせ、かつ闘争心を奮い立たせることは、試合に勝つために絶対に必要なことです。

私はそこまではやれませんが、試合前に話す内容はずいぶん時間をかけて考えます。一分以内で、当日の試合に臨むに際しての、メンタル面のアドバイスなどをします。戦術面や相手チームへの対策はそれ以前に終わっていなければいけません。「笑い」をとることももちろん必要です。

普段は私のことを軽く考えている選手も、大事な試合のときには結構私のことを頼りにしてきます。これが〝高校野球〟の監督の面白いところかもしれません。

数ある公式戦でも、この一戦だけは負けられないという試合もあります。そんな試合の前は、監督である私も、自分でも気合が入りすぎていることが実感できるほど緊張することもあります。

私が甲子園に初めて出場した二〇〇五年の春のセンバツ緒戦では、試合が始まる直前にいつも円陣を組んで選手たちに声をかけるのですが、不覚にも「あーダメだぁ。オレ緊張してる。オマエたち、今日は頼む」と思わず口から出ました。すると、これが面白かったようで、かえって選手たちの緊張がほぐれていきました。「オイ、今日、上田さんあてにならないゾ」。

試合開始時に開き直らせることができるか

選手たちの緊張感は試合の直前にピークに達します。それは実際に試合が始まってからもしばらく続き、選手たちは非常に緊張した状態でプレーをしています。中には最後までうまくパフォーマンスが発揮できない選手もいます。特に一発勝負の高校野球は立ち上がりの三回が勝負。そこで試合の方向性が決まるのです。

こういう場面では、リラックスさせようとするよりも、試合直前に「絶対に緊張するな！」と、厳しい口調で言うようにしています。

そうすると、逆にますます生徒の緊張は高まります。そしてそれがピークに達すると、「もう、どうともなれ！」という開き直りの気持ちになる。すると、全力でプレーできるようになる。このようにわざと緊張をピークに持っていって開き直らせるのです。緊張はしていても、頭は明晰で、しっかりとプレーできる。こういう〝いい緊張〟に持っていければいいと思います。

高校野球の監督は、試合前から試合の序盤まで、選手たちの気持ちを試合に集中させるためにさまざまな策を練り、パフォーマンスをすることが必要です。試合の序盤までは、試合運びよりも、選手のメンタル面をどれだけ早く普段どおりに持っていけるかが勝負の分かれ目になります。

野球はバッテリー以外は〝待ち〟のスポーツです。九回まで一度も打球が飛んでこなかったのに、九回ツーアウト満塁で、初めて厳しい打球が飛んでくることもあります。メンタル面でのコントロールは指導者の一番の仕事です。

喜怒哀楽は表に出したほうがいい

ピンチやチャンスを迎えたとき、監督が喜怒哀楽を出したほうがいいのか、それともいちいち表情を変えないほうがいいのか、これも迷うところです。

以前は意識的に表情を変えないでいた時期もありました。しかし、「落ち着いているぞ」という顔を自分自身に無理強いしているのが、どうも私には向いていませんでした。今は、選手と同じように喜怒哀楽を普通に出すようにしています。

チャンスでヒットが出たりすると、ベンチ内で選手たちとハイタッチをして大きな声で喜び合うこともあります。これはUCLAのゲーリー・アダムス監督がいつもやっていたことです。監督はもうずいぶんとお歳でしたが、とても自然に選手たちとハイタッチをしていました。いいなあ、と感じて私もやるようになりました。

胃液の出るような緊張を楽しむ

公式戦の最中は、選手だけではなくわれわれ指導者も緊張で胃がキリキリと痛み、胃液がにじみ出ていることが自分でも分かるような局面ばかりです。

このような局面を楽しめるだけの余裕を持つのは至難の業ですが、公式戦が間近になると、選手たちには「試合では胃液の出るような緊張を楽しめ」「この胃液君と友だちになろう」とよく話します。ピンチや延長などの胃がキリキリと痛みそうな場面こそ、一番楽しいところなんだよ、と。

だれでもピンチを切り抜けられたときの快感や満足感を知っているはずです。胃が痛むような場面では「これを切り抜けられると最高だぞ」という気持ちでそのピンチを楽しむこともできるのです。

実際、重要な試合の延長戦で大ピンチを迎えたときに、選手の中から「もう、めちゃくちゃ楽しい！」という声が上がることがあります。そうすると、チーム全体が、もっと楽しんでやろうぜ！というよい雰囲気になります。

「大ピンチに遭遇する喜び」。これは何か矛盾しているようですが、社会に出たらなかなか経験できません。「五秒後に飛んでくる打球を取れなかったら負け」というスリルはなかなか会社にいたら味わえないものです。

このようなピンチのときの笑いはとても大事です。笑いは、闘争心を薄めるのではなく、冷静な自分を取り戻すのにとても役に立ちます。ピンチを迎えても、選手が勝手に自分たちでくだらないことを言って笑って盛り上がることができれば、言うことなしです。とはいえ、これはたくさんの公式戦を経験して多くの修羅場をくぐらなければ、なかなかできるものではありません。

ちなみに、うちのチームの試合中のベンチの雰囲気はとても明るいと思います。私は、同じ技量の選手がいたとしたら、性格の明るい選手を選ぶようにしています。勝利の女神は明るいチームに微笑む、とだれかが言っていましたが、私もそれを信じています。ピンチに追い込まれて選手が焦り出す。笑顔がなくなる。このとき選手は「中心をなくした円運動をしている」状態に陥っています。つまり、この状況でなすべきことを考えているけれど、正しい答えにたどり着けずに堂々巡りをしている。そんな状態です。ピンチには、この心理状態をまず一度リセットする必要があります。

守っているときにこんな場面を迎えたときは、チーム内で普段から面白いことを言ったりやったりしている選手を伝令に出します。うちのチームには例年なかなかの役者がいて、ある年の伝令は、マウンドのあたりでじつにうまくこけることができ、毎回笑いをとることに成功していました。こんなことがとっさにできる役者がいるチームは勝負強いものです。

笑いの意外な効用

このように、選手たちには試合中は笑顔を絶やすな、といつも言っています。

また笑いは、自分たちがリラックスするために必要なだけでなく、相手に対しても有効なことがあります。

相手チームからすると、うちの選手は髪の毛も長いし、試合中もニコニコして楽しそうにプレーしているように見えます。そんなうちの選手を見ていると、相手は「慶應にだけは負けたくない」と、必要以上に闘志を燃やして感情的になってきます。

そうなればしめたものです。相手の選手は余計な力が入ったり試合に集中できなくなってきます。とりわけ、実力で明らかに相手のほうが上である場合、相手が感情的になっている隙に、いろいろな揺さぶりをかけられるのです。

逆にこちらが「前回負けているからリベンジだ！」などと余計なことを言ったり、選手とは関係のない、監督の個人的な心情で「この試合には負けられない」などと選手に話すのは私は嫌いです。もちろん人間ですからいろいろな気持ちを持って相手に臨みますし、闘争心も大事です。しかし、それを前面に押し出すと、余計な力が入り、冷静な判断を欠く原因になると思います。

自分たちで考えてプレーできること

試合で自分の力を最大限に発揮したり、冷静に状況を把握してアクションを起こすには、とにかくリラックスしていることです。

リラックスすることができれば、「今、ものすごいピンチだけど、ここを練習してきた変化球で抑えることができたら楽しいぞ」と思えたり、「この場面ではエンドランかバントだろうけど、この状況ならきっとエンドランのはずだ」と考え、それに対応したプレーをしてピンチを乗り切ることができるようになります。

ピンチのときに冷静でいることができ、試合にだけ集中していたら、それをどう切り抜けるか、いろいろなことを考えることができます。それはとても楽しいはずです。

監督の言うなりになるのではなく、プレーヤー個人個人が自分で考え、自分で決断できる。それができて初めて試合を楽しむことができるのです。

野球の試合ではアクシデントや予期せぬことがよく起こります。そんな状況で監督に何ができるか。何もできません。いちいちベンチをのぞいて指示を待っていては、とっさの状況に対応できるはずがありません。また、打席に立ったバッターは、ピッチャーのそのときの調子やランナーのあるなしという状況の中で、狙い球を自分で定めたりしなければなりません。

そういう瞬間には、個々の選手がパッと自分で状況判断することもあるでしょうし、三塁ランナーで出塁しているのなら、チームメイトである三塁コーチャーのアドバイスも大切になります。選手一人ひとりが状況に応じて判断できなければいけないのです。

すべて監督の指示で試合をするチームがあったとします。ある場面で、スクイズのサインが出たものの、相手に見破られて失敗したとします。選手にしてみればサインどおりのカウントでスクイズをしたわけですから責任はありません。そうはいっても、やはりうなだれるでしょう。同時に「監督の指示ミスだよな」と内心で思うはずです。そうやって失敗が重なると、監督に対して強い不信感が生まれてきます。

一方、うちの場合、スクイズのサインはほとんど出さないので、失敗しても、その選手は内心で「上田さん、いつもと違った攻めだな。点を取りにいったな」などと生意気にも思っているのではないでしょうか。

自分の采配が外れたとき、私は選手たちに謝るようにしています。

「あれーっ、うまく外されたよな。ごめん。ごめん。オレのミスだ」と言うと、選手たちは私を見て「今日は監督の調子がイマイチかもしれないから、オレたちががんばらないといけないな」などと感じているかもしれません。そう思ってくれたら、チームはポジティブな姿勢を保つことができるのです。

高校野球ではご承知のとおり「カリスマ性」を持った監督さんも多く見かけます。一方、私はあくまで選手のサポート役であり、慶應義塾の先輩であり、野球の先輩です。絶対者として命令を下すような存在ではないのです。将来、選手たちが大学野球やさらにその上の世界で野球を続けるために、しっかりとした土台づくりをしたいと思っていますが、それよりも、選手に自分で考える力をつけてあげるのが監督の第一の仕事と考えます。

私も監督ですから、試合でさまざまな指示を出します。ですが、それをすべて鵜呑みにして動くのではなく、「監督、ちょっと待ってください。そうじゃないほうがいいような気がします」と言ってくるような選手をどんどん育てたい。もちろん、カチンとくることもありますが、私はこのようなナマイキな選手が大好きなのです。

公式戦では応援の声もすごいですから、いちいち指示を出してもそれがきちんと伝わらないことも多いものです。そういう状況のためにも、選手が自分で最適な攻め方を判断できるように、日ごろから鍛えておかないといけません。いつも監督の指示に従っていたのでは、いつまで経ってもあやつり人形でしかありません。

瞬間の判断

ある年、夏の県大会の準決勝でこんなことがありました。

延長一一回裏。ツーアウトからフォアボールでファーストランナーとなった四番の選手は、じつは足の速い選手ではありませんでした。

次の五番には長打力があります。このとき、ノーストライク・ツーボールというカウントからフルスイングしたのですが、ファーストランナーはバッターの動きを見ないで、とても早いスタートを切ったのです。ベンチからはエンドランの指示は出していません。

試合後、この選手に「あのとき、どうしてあんなに早いスタートを切ったの?」と聞いたら、「何となく、バッターが打つような気がしたんです」と平然と答えていました。

打球はライトのライン際にポーンと落ち、高く跳ねました。もともと引っ張るタイプの右バッターなので、ライトの選手はセンター方向に寄った守備位置をとっていました。ライトがボールを取り、ファーストが中継します。その間にランナーは三塁へ。ファーストの選手は、中継してホームにボールをスローイングするとき、いつも正確にミットの中に投げられるわけではないことが情報としてわかっていました。だから試合前には、ライト線に打球が飛んだらとにかくランナーは回そう、という指示を出してはいました。

このとき、三塁コーチャーも〝きわどい〟と思ったらしいのですが、「もうここしか点を取れる場面はない」と判断し、ランナーをそのまま本塁に突っ込ませたのです。このランナーは足は速くありませんが、スライディングはとても上手な選手でした。それで本塁のクロスプレーでセーフとなり、サヨナラ勝ちとなったのです。

もちろん、運もよかったと思います。しかし、選手の判断の的確さと決断する勇気があったからこそ生まれたサヨナラだと私は思っています。

監督と選手との信頼関係

選手たちには「練習は監督に任せろ。でも、試合はお前たちに任せた」と、常々言っています。試合の中のある場面で、バッターが「ここはヒットエンドランだろう」と思って私のサインを見たら、やはりエンドランのサインが出ていて「思ったとおりだ。うちの監督は好きだな」となれば、一番いい状態です。こういう場合は、だいたい作戦が成功します。

選手たちが監督の思いや考えを十分に汲んだプレーをし、それで試合に勝てる。そんなチームをつくることが理想です。それには、毎日の練習で、監督と選手の意思の疎通を十分に図る。選手のほうからも監督に意見を言える。選手個々がやるべきことを自分で考える。そして実践できる。そんなチームづくりをしなければなりません。

バッターが足にデッドボールを受けたとします。バッターは痛そうに一塁に向かいます。痛み止めのスプレーをかけていますが、そんなとき、エンドランのサインを出すのが私は好きです。選手は、「やっぱりな、監督のやりそうなことだ」などと内心では笑っているはずです。

しかし、次のようなことも実際にありました。

公式戦で、強豪相手になかなか点が取れず、こう着状態が続いていました。選手たちは「自分のバットで決めてやろう」と打球を打ち上げ続けては凡退を繰り返していたのです。

自分で考えて決断する選手たちを頼もしく思いますが、任せておくと、こちらの意見に耳を貸さなくなるときがあります。選手のそういう部分を私は決して嫌いではないのですが、そんなときは「そっちじゃないぞ」と方向を示さなければなりません。高圧的に上から命令するのは好きではありませんし、それでは選手の顔もつぶれます。そこで、「打球を打ち上げるバッティングばかりやっていたら絶対に勝てないぞ。低いあたりを狙ってゴロを打て！　ゴロを打とうとすればライナー性のヒットになるから。頼むからオレの言うことを聞け」と言ってみました。

「頼むから」なんて言い方は情けないですが、一戦も負けられない公式戦で追い詰められると、選手も謙虚になります。このときは、「上田さんを信用して、ゴロを打とうぜ」などと言う選手もいました。

この試合から打線がつながり出し、以降の試合にも勝ち進むことができました。こんな私は高校野球の監督として甘いのでしょうか。

でも、こういう言い方ややり方が私は結構好きなのです。高校生の生意気さを頭ごなしに押さえつけるのも快感ですが、逆に私が下手に出て選手をコントロールするのも快感なのです（これを読んだ選手には次回からはもう効かないかなぁ……）。

また、わがチームでは試合中にベンチ内で、守備の位置の確認をし合ったり、「相手は外角を狙ってきてるから注意」とか、選手だけで盛んに話し合いが行われます。上級生も下級生もありません。このようなところは大事にしていきたいと思っています。

可能性があるのなら絶対に無駄にしない

エンジョイ・ベースボールは、とことん勝負にこだわります。だから、可能性がわずかでもあるならば、その可能性を捨てることは絶対にありません。それは極めて合理的なことだと思っています。

たとえば、ピッチャーゴロを打たされたとしても、必ず一塁まで全力で走ります。それが高校生らしいからではありません。相手のピッチャーやファーストがエラーをするかもしれないからです。

人からどのように見られていようが関係ありません。われわれは勝負に徹するという姿勢を一番大事にしたいのです。ですから、同様に外野フライを打った場合も、セカンドベースを踏んで帰ってくるようにしています。

また、フォアボールやデッドボールのときも一塁まで全力疾走です。この場合、相手バッテリーは多かれ少なかれ動揺していますから、全力疾走して早く一塁についておけば、相手に考える隙を与えることなく、サインを出すことができます。そうして次の攻撃に移ることができるのです。

このように、わがチームでは私も選手たちも、試合中に相手の一瞬の隙をついたり、相手の動揺を誘うようなプレーを心がけています。それには相手より集中してプレーしていないといけません。

練習とは、この集中力を養うためにやるものと言っても過言ではありません。長い練習では、メニューを工夫したり休憩を入れたりして、集中力を途切らせないようにしなければいけないと思います。

ツーアウトから点を取ることに命をかける

エンジョイ・ベースボールの〝エンジョイ〟という言葉だけをとらえて、塾高は「ピンチに弱い」とか「あきらめの早いチームなんじゃないか」と思われることもかつてはありました。

しかし、試合の序盤から中盤にかけて相手に先行されても、終盤に追いついて逆転勝ちというパターンが最近では増えているのです。

部訓には「30対0で負けていても逆転すれば世間はそれを奇跡というんだ」とか「危

2005年度の選抜高校野球大会（準々決勝・対神戸国際大学付属高校）

機に立って初めて真価が問われる」と書かれています。見かけは慶應ボーイらしくスマートに明るくさわやか。しかし内面は勝負事に対して〝ドロドロと粘り強く〟〝しつこく〟〝泥臭い〟チーム・選手になることを、われわれは目標にしています。

私は、「ツーアウトから点を取ることに命をかけろ」といつも口を酸っぱくして言っています。

守る側にすれば、ポンポンとツーアウトを取れれば、ピッチャーをはじめ全員が「あと一人だ」という気持ちになります。そんなとき、たとえフォアボールでもデッドボールでも出塁して、その次にヒットが続けば、ノーアウトやワンアウトでヒットが出るよりも、相手は動揺します。

特に相手ピッチャーは、ツーアウトに追い込んだ段階で、「あと一人だ」という気持ちになり、早くチェンジにしたくて投げ急ぐことがあります。そこを狙うのです。

それで一人、二人と出塁が続くと、相手には「あと一人」という気持ちと同時に「ちょっとヤバいぞ」という焦りも出てきます。すると、ピッチャーに力みが出てきて、ボールが二、三個分高めに浮きがちになるもの。それを狙い打ちさせると、長打になり点が入ることが多いのです。ツーアウトからの一点は二点、三点ぐらいの重みがあります。

逆に、ノーアウト満塁のケースでは案外点が入りません。ノーアウトなのでスクイズはほとんどないでしょう。好機なのでバッターも力んでしまい、内野フライというようなことが多い。それでワンアウトです。一方ピッチャーも、この場合一、二点取られても仕方ないか、と思って投げることができると、コントロールがきちんとついて、低めにボールを集めることができます。そしてツーアウトになる。すると、今度はピッチャーの心理に、このままいけば零点に抑えられる、という色気が出てくる。

そうなると、せっかくツーアウトまでいったのに、そこで一気に点を取られることにもなってくるのです。

「エンドレス(いつまででもやってやろうじゃないか)」

わがチームの部訓に、「エンドレス（いつまででもやってやろうじゃないか）」というのがあります。これは、わがチームの試合での姿勢を最もよく表している言葉の一つだと私は思っています。

守備についているときは、相手がどんなに怒濤の攻めを続けてきても、「エンドレスでいつまでも守り抜こう。だから早くチェンジにしてベンチに戻ろうと考えるな」という気持ちでわれわれは臨みます。延長戦は大歓迎。

そして攻撃の際は、「ツーアウトになっても、これからエンドレスで攻め続けようぜ」という気持ちを胸に、攻撃を続けます。

二〇〇五年春の甲子園の一回戦で関西高校と対戦したときのことです。序盤は四対三とリードしていましたが、七回表の関西の攻撃で三点取られ、六対四と逆転されてしまいました。その裏、ツーアウトを取られてランナーがないところから、二塁打二本、三塁打一本を含む四連続ヒットで三点を取り、今度はうちが七対六と逆転。このときは雨も相当激しく降っていました。

その後、八回の表に一点を取られて同点。九回の表には今度はピンチを迎えます。われわれのピッチャーのコントロールが乱れ、三つフォアボールを出してツーアウト満塁。しかし、最後はふんばってファーストゴロに抑え、今度はうちにチャンスが回ってきました。九回裏七対七の同点でワンアウト満塁。ここで代打を送り出しました。スクイズのサインを出したのですが失敗。しかし、ツーストライク・ツーボールからセンター前にサヨナラヒットを打ってくれたのです。

この試合を振り返ると、選手一人ひとりが粘りに粘ってピンチをしのぎ、「ツーアウ

慶應義塾が優勝する25の方法

1. 相手と違ったスポーツをしている感覚で試合をする。
2. 「明るい雰囲気は勝利の女神がついて来る」を実践できる。
3. 「同点ならいい。負けなければいい」と試合を運べる。
4. Ball by Ball（失敗を引きずらない、成功も調子に乗らない）。
5. 予想と判断（流れでやらない。機械になりきる）ができる。
6. Endlless の気持ちがある。
7. Pressure を楽しむ（胃液と友達になる）。
8. Game（勝負所を知る・勝負の波に乗る）。
9. 表面はニコニコ。内面はネチネチしている。
10. 走塁のチームである（足が遅いほどチャンス）。
11. ミスを２つ続けない。
12. 初球から何でも行く。
13. 「先頭を切れ。先頭が出ろ」をわかっている。
14. 「２アウトから点をやるな。２アウトから点を取れ」をわかっている。
15. 「ミスが出たら点をやるな。ミスが出たら点を取れ」を実践できる。
16. 「チャンスの時は70%で振れ。ピンチの時は70%で投げろ」。
17. 英語でしゃべれる。
18. 相手チームに楽しそうだなと思われるように演出できる。
19. 自分サイドで試合を進めることができる。
20. 大人が多い。一匹狼が多い。
21. 監督の言うことを信用しない。監督やコーチに自分の意見が言える。
22. キャプテン中心に自分たちでやれる。勝手にＭＴＧ（ミーティング）している。
23. マネージャーに厳しい。
24. キャプテンが話し好き。キャプテンみたいな奴が多い。
25. シンクロニシティー（同調）を信じている。

トから点を取ることに命をかける」「雨と風と延長には勝つ」「エンドレス」という、慶應らしい試合ができたと思います。

塾高野球部には、試合を進めるための考え方とチーム運営のノウハウを示した「慶應義塾が優勝する25の方法」、そして「Team Expressions in the game」という約束事がありますが、この試合では、これらの約束事もうまく実践できたと思います（この「25の方法」と「Team Expressions」は私のつくったメンタルトレーニングのマニュアルに収載されています）。

残塁OK

塁にランナーがいるのに得点に結びつかないとき、「効率が悪い攻めだ」とか「チャンスに弱い」などと酷評されることがあります。〝残塁〟に終わったからです。

この、残塁を、私は逆の発想で考えます。

たとえば次の二つの例を比較してみてください。

①ノーアウトで二塁打のあと、バントで送ってスクイズで一点を取る。しかし、続く

Team Expressions in the game

1. Ball by ball	一球一球
2. Patience	我慢・我慢
3. This is game	勝負所
4. Endless	早くこの回をこの試合を終わらせようなんて思っているんじゃねえよ。
5. We love pressure.	ピンチ大好き
6. Hit hard!	ゲッツーＯＫ　残塁ＯＫ
7. Preparation	（試合の前・前の日）今できることは今できる試合の準備だけだ。

バッターが二球目を打ち上げてアウトでチェンジ。この回は一点を取り、残塁はゼロ。

②ツーアウト、ランナーなし。バッターが粘ってフォアボールで出塁。次打者がライト前に運んでツーアウトながらも一、三塁。次の場面で一塁ランナーがスチールを行い、ツーアウト二、三塁。この場面で打者は歩かされてツーアウト満塁。しかし、次の打者が残念ながらショートライナーで得点できず、三残塁。こういった場合、日本では、「効率の悪い攻めだ」と言いがちです。

でも、野球は九回トータルで戦う競技です。試合序盤にツーアウトから②のような攻めができれば、後半に相手投手を崩すのに大きなカウンターパンチになっているのです。にもかかわらず、どんな場合でも残塁したら、「効率が悪い」とか「チャンスに弱い」と考える日本の野球は、目先のことしか考えられない偏狭な野球なのだと思います。

また、点差が勝負のすべてだとみなすのもどうかと思います。長い攻撃ができれば、それこそ最大の防御。点が入らなくてもしつこく攻め続けていると、相手としてはとても嫌なものです。相手の攻撃力は必ず落ちてきます。

試合では、三点差、四点差で勝っていても、相手チームがじりじりと点差を詰めてくることがよくあります。

そんなとき、「四点もリードしていたのに、もう一点差になってしまった」と悲観的になって浮き足立つのと、「まだ一点リードしている」と心に余裕を持てるのでは、その後の結果に大きな違いが出てきます。監督が「まだまだ大丈夫だ」という意識でいれば、選手たちも安心してプレーできるはずです。

徐々に点差を縮められてきても、何とか守りきろう、などと思わなければいいのです。そう思うと、どうしても硬くなってエラーしがちです。そうなるくらいなら、たとえ同点になっても、あとで逆転すればいい。負けなければいい。そんな気持ちで戦うほうが絶対にいい結果が得られると私は考えます。野球は〝点取りゲーム〟なのです。

このような考え方をするのは、アメリカでの経験もありますが、何より私自身の性格が楽観的だから、ということもあるでしょう。

エンジョイ・ベースボールはいつでも変わらない

エンジョイ・ベースボールの究極の目標は「日本一になること」です。しかも、われわれがこれまでやってきたやり方で、です。これだけは譲れません。

甲子園に四五年ぶりに出場して周囲の目や期待も変わってきました。しかし、毎年長期のオフを与え、今も変わらず一二〇名以上の部員に野球の楽しさ、厳しさを伝えています。これからも、アイデアを絞り出して工夫を凝らした練習を行い、強豪ぞろいの神奈川県のチームに挑んでいくつもりです。

第7章

未来の野球

監督はどんなことを考えているのか

勝負に対する私の考え方は、歳をとるにしたがって微妙に変化してきました。

指導者になったばかりのころは、「負けたらどうしよう」ということばかり考えていました。これだけ練習してきたのだから、何とか勝たせてやりたい、という気持ちがとても強かったのです。

そのうち、「勝とう勝とうと思っていると負けてしまう」と考えるようにもなりました。「負けるかな」と思ってやっていると、やっぱり負けてしまうものです。

二〇年くらい前に、ある年長の監督さんは次のように教えてくれました。たまたま通りがかった観客のつもりで、「この場面はバントがいいんじゃないかな」とか「エンドランをやると面白そうだ」といったくらいの気持ちで采配するのが一番よい、と。

また、ある有名なソフトボールの監督さんは、どんなに強い相手と試合をするときでも、「おそらく勝つだろう」と思って試合をしている、とおっしゃっていました。「負けると思ったことは一回もないよ」と。

こんな心持ちになれたらいいな、と今は思っています。たとえば九回ツーアウトまで負けていたとします。そのとき監督が「負けたかな……」と思うと、それは選手にも伝わるものです。そんなときでも「最後は勝つに決まっている」と思っていれば好機も生まれます。しかし、その境地に立つのはなかなか難しい。やはり内心びくびくしながらというのが正直なところです。

甲子園の常連校と呼ばれる学校の監督さんたちには、指導法や試合での采配など、どれをとってもオリジナルの方法論や信念があります。そういったものが出来上がるまでには、長い年月が必要で、多くの試合や練習で何度も繰り返してきた失敗がベースになっているはずです。そして数々の経験から学んだことを基礎に、自分の野球を確立してきたに違いありません。

甲子園出場前と後で変わったこと

甲子園に出場して、私にとって一番の収穫は、自分の采配や野球に多少自信がついたことです。

もちろん、出場が決まったときは、マスコミから取材などのためにプレッシャーがかかり、「もし一回戦で大敗したらどうしよう」と、そのときは柄にもなく不安になってきました。

そういったプレッシャーは日に日に強くなっていったのですが、あるとき、「自分がこれまでやってきた野球を、甲子園でもやらないとつまらない」、そんなふうに開き直って考えられるようになりました。

実際に試合でも、私自身が甲子園をエンジョイできたと思っています。

次回、甲子園に行けたときにはこうしよう、という知恵が、そのとき得た財産として自分の中にたくさん残っています。選手たちのメンタル面での管理をどう行うか。選手一人ひとり、そしてチーム全体のコンディションをうまくつくり上げるにはどうするか。打線はどう組むか。二番手ピッチャーをどこで投入するか。相手チームのデータをどんなふうに読み解くか。考えていくとキリがありません。

実際に行ってみてわかったこともたくさんあります。

たとえば、一週間近く同じ宿舎にいますので、出てくる食事はどうしても似通ってきます。そうなると、選手たちにも飽きがきて、食欲がなくなってしまいます。だから、昼ごはんは選手たちが勝手に好きなものを食べられるように外食させる、といった配慮もしないといけません。

また、関西に行ってから試合が始まるまでは、毎日、練習場と宿舎との往復だけでした。ですから、試合に勝ち進んで宿舎生活が長くなってくると、選手たちに適度な気分転換をさせないと、周りからのプレッシャーに押しつぶされてしまいます。これも身に染みて感じたことです。

「技術屋」に徹する

「高校野球の監督には、カリスマ性が必要だ」という意見を耳にすることがありますが、私はそんなものは必要ないと思っています。私自身にもカリスマ性はありませんし、身につけたいとも思いません。私自身の性格は結構いい加減なところもあり、「プライドがないのがプライド」と私はよく人に言います。

高校野球の監督とは、選手たちによい技術を教える技術屋だと私は思っています。野球に関して自分が持っているあらゆる情報を部員たちに伝え、それで部員たちが上手くなればいいのです。

技術屋である監督に求められるのは、技術面だけではなくメンタル面も含め、野球に関しての正しい知識を持つことです。そして、それらを含め、試合で勝つためのあらゆる方法論を選手たちに伝えることです。

しかし、監督は万能ではありません。教えることや伝えることが間違っている場合もあります。そんなときはすぐに修正する必要があります。ところが、監督がカリスマ性を前面に押し出していると、そんなことさえ難しくなってしまうのです。

また、指導のすべてを一人の指導者でできるはずはありません。自分でできないことは、ほかに得意な人がいるならば、その人に任せることもあるはずです。そのほうが効率がよいことは、言うまでもありません。それに、一人の監督が絶対的な力でチームを引っ張るよりも、たくさんの人間が関わって大きな仕事をするほうが喜びは倍増するものです。

勝ち負け

野球の試合には勝者と敗者があります。強豪校であっても、予選の一回戦で負けてしまうことがないわけではありません。それが高校野球です。負けたときに、どういう気持ちでいられるか、また生徒にどのように声をかけてあげればよいのか、どの指導者もみんな迷っていることだと思います。

ある年の夏の神奈川県予選で、三年生のキャプテンが普段の実力とはほど遠い力しか出せず、試合に負けてしまったことがありました。このときは、ほかの選手の平凡なミ

SUPERSTAR

スなどもあり、選手全員が普段では考えられない状態になっていました。

　彼は、予選が始まる直前の五月に骨折して、復帰してきたばかりだったのです。その間の彼の努力はすさまじいものでした。彼は二年生の秋にキャプテンになったのですが、それ以来、歴代のキャプテンと比べても、人一倍一生懸命になってチームを支えてきてくれました。

　試合は生き物です。試合途中で、数少ないながらもあったはずの勝機をつかむことができなかったのは、監督である私の責任だと思います。

　ですから、試合後、泣きじゃくる選手たちを集めてこう言いました。

「今日の敗戦はつらいけど、たった一度の敗戦で、自分たちがこれまでやってきたことが間違っていたなどとは絶対に思ってほしくない。最後までがんばった自分自身に自信を持って、これからを生きていってほしい。そして、大学でも野球を続けてほしいな」

　高校生にとって野球は仕事ではありません。負けたときは、私も選手もグッド・ルーザーでいたいと思っています。

選手全員を平等に評価して、ベストのメンバーを決めて試合に挑み、かたやベンチ入りからもれた選手たちにもフォローをきちんとする。これが監督にとって一番大切なことです。これがうまくできたときは、その選手たちが卒業してからも、みんな仲よくやっています。

たとえばレギュラーにばかり目が行っていると、レギュラーだけで仲がよくなり、控えの選手たちはレギュラーとはあまり交流がなくなることもあります。でも、控えの選手たちが最後までデータ収集やレギュラーの練習に付き合ってくれていると、チームが一丸となって勝とうという雰囲気になり、それが卒業後も続くのです。

アマチュア野球では、試合で何が何でも勝つということより、そちらのほうが重要なのではないでしょうか。

高校三年間、野球を一生懸命やっていい思い出をつくるのは部員たちです。その思い出の中には、たんに試合での勝ち負けだけではない何かがあるはずです。卒業後、「一生懸命やってよかったな」と振り返ることができるようにすることは、私たち指導者にとって最も大事な仕事の一つだと思っています。

未来の野球

私は小学生のときから、ずっと野球をやってきました。その時々で、一生懸命練習して試合に勝っては大喜びし、負けては涙に暮れることもありました。理不尽な練習をやらされたり、先輩に殴られたりしたこともありました。その一方で、ふらふらになってボールが見えなくなるまで練習し、試合ではチャンスに大きな当たりを打つことができ、もう死んでもいい、と思ったぐらいうれしかったこともありました。

野球は本当に楽しいものです。この楽しさを小学生から大人まで伝え、多くの人に野球の素晴らしさ、面白さを知っていただきたいと思っています。

しかし今、野球の人気凋落という現実が私たちの目の前に突きつけられています。サッカーに人気を取られているから、と言う人もいますが、野球の側に原因はないのでしょうか。野球は明治時代に伝来して以来、急速に日本中に広がり、人気スポーツとして定着しましたが、その途上で本来の理念とは違った方向に向かってしまったところがあるのも事実です。野球の側にある、人を寄せつけないような前近代的な何かが、原因になってはいないでしょうか。

このような状況の中、二〇〇六年のWBCで日本チームが優勝したことは、野球界の将来にとって非常に明るい材料となりました。多くの日本国民をテレビの前に釘付けにしたオールジャパンの選手たちには心から感謝したいと思います。とはいえ、これで子どもの野球離れに歯止めがかかるほど問題は簡単ではないと思います。野球の世界はプロもアマチュアも運命共同体。みんなが野球界全体のことを考えなければなりません。

ここをこうすればもっと面白くなるのに、という点が、まだまだたくさんあると私は思うのです。多くの人の意見を素直に聞き、野球界全体の発展に知恵を出し合う必要があるのではないのでしょうか。

今こそ、高校野球をもっと楽しいものにし、野球人口をどんどん増やすような新しいシステムづくりに真剣に取り組むときだと私は考えます。

そこで最後に、こうすれば高校野球はもっと面白くなるのでは、と私がいつも考えていることを、いくつか挙げてみます。

提言1――リーグ戦をもっと取り入れる

『オールド・ルーキー』という、実話をもとにしたアメリカの野球映画があります。主人公は高校で物理を教えている先生で、昔はプロでピッチャーをしていたことがあるのですが、肩をこわして野球を断念。そして、今は物理を教えながら、この田舎の弱小野球部のコーチもしています。この映画の中に、試合に負けた選手たちに「来週の試合はがんばろうぜ！」と声をかけて励ますシーンがあります。とりわけ、その試合でミスをしたりチャンスに活躍できなかった選手たちに声をかけてあげているのです。これはとても大事なことだと思います。

たった一度の試合で、チームの選手全員が最高の力を出しきれるわけがありません。試合中のミスは当然あり得ることです。しかし日本の場合、そのミスが負けた直接の原因ともなると、試合後、ミスした選手はまるで悪人であるかのように見られます。本人も自分をそういうものだと思います。これはどう考えても理不尽です。

甲子園の試合を見ていると、同点で迎えた最終回、守備についた外野手が、トンネルや落球をしてしまい、サヨナラ負けをするシーンがたまにあります。

エラーをした選手は、試合後「自分のせいでチームが負けて申し訳ない」と泣き崩れます。一発勝負での敗戦や失敗の衝撃やショックは想像を絶するものです。しかし、他の選手たちは、負けた原因がその選手一人にあるとは決して思っていないはずです。

甲子園出場のために、毎日の練習で部員たちを精神的にも肉体的にも追い詰めて、一歩間違えば自殺でもしてしまうのではないかというような厳しい指導を行う指導者もいるようです。それが正しい野球選手の育て方なのか、いつも疑問に思っています。

ミスはある程度仕方がないものです。ミスをある程度許容するという前提で、選手たちにもっと積極的な戦法をとらせる。私自身はいつもそうありたいと思っていますが、トーナメント戦では負けたら終わりですから、試合運びもとても慎重にならざるを得なくなります。

これらの悲劇は、トーナメント戦という一発勝負ならではのものです。

高校野球に限らず、試合は、勝ち負けが一度で決まってしまうトーナメント方式ではなく、リーグ戦で行い、それで順位を決めるのが理想だと思います。一発勝負の試合では、そのチームや選手の真の実力はよくわかりません。何試合も戦ってみないと、本当の実力を測ることはできないと思います。

大学野球も高校野球も、従来の枠組みを外して新しい枠組みでリーグ戦を組むのも面白いと思います。しかも、それぞれが地域を越えてディヴィジョン1から5ぐらいまでにレベルを分けて、総当たりのリーグ戦を行うのです。大学野球なら上位二〇チームが全国を行き来して年間で王者を決定するようなシステムはできないかなあ、と思います。

提言2――小学生と高校生の交流を

二つ目の提案は、野球に取り組んでいる小学生と高校生で交流の場をつくることです。現在、小学生の野球人口が以前に比べて減少しているといいます。こういった状況にプロ野球連盟などでも危機感を強く抱いているようで、プロ選手や元プロ選手たちが小学生たちに野球を直接教える少年野球教室が盛んに開かれています。

考えてみると、日本の野球で一番人気があるのはプロ野球ですが、二番目は高校野球なのです。春と夏の甲子園大会が全試合、全国放送されるのです。しかも、高校野球は各都道府県レベルでも、とても活発に行われています。

ですから、各都道府県の高校野球連盟が主催して、たとえば全国で同じ日時で一斉に高校生と小学生が一堂に会して野球を楽しめるようなイベントを開いたらどうでしょう。甲子園で活躍した選手に実際に会えたり、彼らに野球を教えてもらえるとしたら、野球をやっている小学生ならだれもがワクワクするはずです。

小学生にしてみれば、高校生は大人でもなく友だちでもなく、ちょうどいい感じのお兄ちゃんです。そんなお兄ちゃんに野球を教えてもらえたら、野球がもっと好きになる小学生は必ず増えると思います。具体的には、地域貢献として地元の小学生がその高校にやってきて高校生の指導を受けるのが適当だと思います。

サッカーのＪリーグでは、各チームが全国各地でさまざまな活動を展開し、地元に密着して着実にサッカー人口を増やしています。そういった地方に住む子どもたちに、野球の面白さや楽しさをきちんと伝えていかないと、将来、地方在住の子どもたちは野球を忘れてしまうのではないか、そんな危機感さえ感じます。

この日本野球の凋落を何とかして食い止めたい。そういう思いから、慶應義塾高校では毎年二月に「ベースボール・キッズ・キャンプ」という少年野球教室を行っています。高校生は中学生に教えてはいけないという決まりがあるのですが、小学生には教えてもいいことになっています。このキャンプにはわが校のある日吉周辺の少年野球チームが毎年参加してくれます。ピッチング、バッティング（硬式ボールで）、内野守備、外野守備と四セクションを三〇分ずつ回り、最後にクッキーを食べながら選手がやる漫才などのアトラクションを見て、フリーバッティングをゲージの周りで見学します。高校野球とじかに触れ、高校生と接する楽しいひとときです。高校生も小学生のころを思い出し、初心に還って指導します。そして教えることの難しさを感じるのです。この試みが始まって五年になります。最初は一五〇人の子どもたちが参加していましたが、二〇〇五年は五〇人。将来が心配です。

提言3——海外の学校との試合ができるように

現在、高校野球では、単独チームによる海外遠征は禁止されています。現状では、高校生の場合、海外に行けるのは選抜チームだけです。

一方、サッカーやバレーボール、バスケットボールなどでは、高校生の単独チームによる海外遠征は盛んに行われており、高校生同士の国際交流が行われていると聞きます。スポーツのよいところは、言葉が通じなくても、外国の人たちとその競技を通じて交流ができる点です。

日本の近隣では、韓国、台湾、中国などで野球が盛んですし、他のアジア各国でも野球が少しずつ人気のスポーツになってきています。そういった国々の高校生チームと試合ができると、選手たちはひと回り大きくなれるはずです。それは、勝ったとか負けたとかいうことではなく、外国の選手たちと試合をすることで、学べることがたくさんある、ということです。

現実的に考えても、たとえば福岡県にある高校の場合、関東や東北、北海道に遠征に行くより、韓国に行き、あちらのチームと練習試合をしたほうが、時間的にも経済的にも負担が少なくてすみます。

学校レベルでの野球の交流ができれば、高校生同士の交流がもっと盛んになり両国の相互理解がさらに深まるに違いありません。

ほかのスポーツと足並みをそろえ、高校野球をもう少し国際的に開かれたものにしてほしいものです。

単独チームの海外遠征ができるようになったら、一度でいいから、うちのチームをアメリカに連れていくのが私の夢です。そして、向こうの高校生たちと試合をして、アメリカの野球とはどういうものなのかを肌で感じさせてあげたいと思っています。

提言4——公式戦の日程をゆるやかに

さらに、公式戦、中でも夏の甲子園の県予選の日程を、もう少しゆるやかに組めるといいな、といつも思います。

神奈川県の予選は、大阪府と並んで日本一タイトなスケジュールになっています。その中で勝ち進むために、現場の指導者は、だれもが選手起用に頭を痛めているのです。二〇〇五年夏の予選を例にとると、うちのチームは一回戦から決勝までコマを進めましたが、一一日間でなんと七試合戦いました。

夏の甲子園大会の県予選の準決勝・決勝の試合は二日連続でやらなければならない、という規定があるそうです。しかし、神奈川県の場合、それまでの日程がとてもタイトなので、準決勝、決勝が連戦になると、選手たちにかかる体力的・精神的な負担は計り知れないぐらいのものになるのです。

試合は一回戦からすべて七月の炎天下で行われます。球場のほとんどが人工芝なので、グラウンドに降りると気温は四〇度を軽く超え、ひどいときは四五度くらいになることもあるほどです。外野を守る選手たちは、ベンチからは陽炎《かげろう》のようにしか見えません。

このような過酷な状況で連日のように試合を続けることは、ピッチャーだけではなく、全選手にとっていいことは一つもありません。

もう少し選手たちが休養をとれるような、そんな日程を組んでほしいと強く願います。

少し本題から逸れますが、試合でベンチ入りできる選手の人数にも問題があります。県大会レベルでベンチ入りできる選手の数は、おおむね二〇人なのに対し、甲子園大会では一八人と、二人削られてしまうのです。

二〇人でがんばって県大会や地方大会を勝ち抜いてきたのに、甲子園ではその中からいきなり二人を外さなければならないとは何とも理不尽で、外された選手たちにとっては非常に酷です。

大会運営や予算で日本高等学校野球連盟は大変な苦労をされていると思います。しかし断腸の思いでベンチ入りを二〇名に絞り、地区予選を戦い、やっとの思いで甲子園に出てきた選手の数を削る苦しさを慮っていただければと思います。

提言5——指導方法をどんどん公開する

自分で学んだり、つくり上げてきた指導法を公開して、指導者同士でそれを共有し、さらに完成度の高いものにする、といったシステムづくりをする必要があると強く思います。そうすれば、日本の野球のレベルそのものが上がってゆくはずです。

しかしながら、現実は、強豪校を中心に、「とにかく自分のチームが勝って、甲子園に出ることが一番の目的」となっているので、練習方法はなかなか公開されません。長い間このような状態が続いた結果、高校野球においてきちんとした指導法が確立されなかったことは、反省すべきことではないでしょうか。

アメリカの場合、有名な指導者のほとんどが自分の指導法について本を書いて発表しています。そして、全米各地にいる指導者たちが、それらの書籍から参考にできる点を多く学んでいるのです。また、大学などの研究機関では、書籍に書かれているトレーニング方法などが科学的に正しいかどうかの検証も行われています。

このようなことが常に行われているので、アメリカでは正しい指導法とはどういったものなのか一目瞭然で、その結果、指導法にも一貫性が出てきます。質も向上します。アメリカ野球のレベルが高いかどうかはわかりませんが、指導法に一貫性はある程度必要です。

私は特に、少年野球を指導してくださっているボランティアの方々に、とにかく正しい一貫性のあるノウハウを提供する必要があると思います。

日本では、指導者によって教える内容が異なるのは珍しいことではありません。もし、間違った指導法がずっと続けられているとしたら恐ろしいことです。とりわけ、体が成長段階にある子どもへの指導には、間違いがあってはならないのです。将来のある子どもたちが肩やひじや腰を痛めていたり、そのような状態で、もともと数の少ない公式戦に無理を押して出ざるを得ないことがあったり、といった話を聞くたびに暗澹たる気持ちになります。子どもたちが野球を好きになり、野球を楽しめる状況をつくるのも、高校野球の責任だと私は考えています。

子どもたちに野球を教えるのは本当に難しいと思います。教えている方々は、平日は仕事をしながら土日祭日をつぶしてくれているのです。その苦労を思うと、頭が下がる思いです。野球の底辺を支える少年野球の指導者の方々をもっと評価し、育成・応援してゆくことが急務だと思います。

あとがき

私は、いわゆる「文武両道」という言葉が嫌いです。今やそれは、受験とスポーツという狭い世界でしか語られなくなってしまったことが、その理由です。

受験勉強ももちろん重要ですが、人生を本当に豊かにしてくれるものは、〝知的好奇心〟だと私は思うのです。学校での教科指導＝受験ではないのです。

運動部の部員なら、せっかくスポーツをしているのですから、物理学や生物学や心理学、歴史に興味を持たないのはおかしいと思います。国際大会を目指すなら語学も必要不可欠になるでしょう。

スポーツをしている生徒が、スポーツ以外のことに好奇心を持つようになれば、スポーツそのものの奥の深さが見えてくるはずです。そして、その生徒の人間としての器は、もっともっと大きくなると思います。

スポーツをする子どもたちがさまざまなことに知的好奇心を持つようになるには、スポーツだけしかできないような切っ羽詰まった環境ではなく、自分で物事を考えてスポーツに向き合うことができるような、そんな環境を指導者がつくってあげることが必要だと私は考えます。

海外にはスタンフォード大学のように、スポーツと学業の両方で秀でており、さまざまな分野のリーダーを輩出している学校がたくさんあります。私たちも、このような学校で、またクラブでありたいものです。

慶應義塾高校野球部の卒業生にも、さまざまな分野で活躍している諸君がいます。MLBのジェネラル・マネージャーを目指してアメリカで野球と関わる者。医学や法学の道を目指す者。起業家として活躍する者。俳優として演劇活動をする者。彼らは日本でいうところの「文武両道」では掬《すく》い取れない、もっと大きな何かを持っているように思うのです。

私たちは「エンジョイ・ベースボール」を自信を持って実践していきたいと思っています。

本書の執筆を依頼されたとき、お引き受けしようかどうか、本当に迷いました。従来、高校野球の指導者が書く本というものは、春、夏の甲子園で全国優勝をなし得たような監督さんが、いかに選手を育成し、チームを日本一に導いたかを記したものが多いからです。

私はといえば、甲子園に出場でき、幸運にもベスト8に進出できたとはいえ、このような本を書かせていただくような実績もありませんし、苦労もしておらず、まだまだ挑戦者にすぎません。「エンジョイ・ベースボール」という表題も非常に気恥ずかしく、読んでいただくに値するものかと、今でも不安な気持ちでいっぱいです。

そんな私を励まし、たくさんの面倒に辛抱強くお付き合いいただいたＮＨＫ出版の駒井亜里氏、水野哲哉氏、中野毅氏に心から感謝申し上げます。

平成一八年四月吉日

慶應義塾高校野球部監督　上田　誠

付記

その後、慶應義塾高校野球部は二〇〇八年（平成二〇年）に春の選抜に出場、同年八月には四六年ぶりの出場となる夏の甲子園で幸運にもベスト8に進出することができました。

平成二〇年九月

慶應義塾高校野球部監督　上田　誠

編集協力／岩嶋宏恭
目次・扉デザイン／V・L
写真／上林徳寛（f・64）
DTP／ノムラ

上田　誠
（うえだ・まこと）
慶應義塾高等学校野球部前監督、元英語教諭。一九五七年神奈川県生まれ。慶應義塾大学経済学部卒。二〇〇五年第七七回選抜高校野球大会、二〇〇八年第九〇回全国高校野球選手権記念大会に出場（ともにベスト8）。第三九回明治神宮大会優勝。日本高野連育成功労賞受賞。現在は神奈川学童野球指導者セミナー代表、全日本野球協会（BFJ）団体間連携推進部会員。

生活人新書　180
エンジョイ・ベースボール　慶應義塾高校野球部の挑戦
二〇〇六（平成十八）年五月五日　第一刷発行
二〇二三（令和五）年九月十五日　第三刷発行

著　者　上田　誠

発行者　松本浩司
発行所　NHK出版
〒一五〇-〇〇四二　東京都渋谷区宇田川町一〇-三
電　話　（〇五七〇）〇〇九-三二一（問い合わせ）
（〇五七〇）〇〇〇-三二一（注文）
https://www.nhk-book.co.jp（ホームページ）
装　幀　山崎信成
印　刷　新藤慶昌堂・近代美術
製　本　藤田製本

ISBN4-14-088180-4 C0275